BEI GRIN MACHT SICH IHR WISSEN BEZAHLT

- Wir veröffentlichen Ihre Hausarbeit, Bachelor- und Masterarbeit

- Ihr eigenes eBook und Buch - weltweit in allen wichtigen Shops

- Verdienen Sie an jedem Verkauf

Jetzt bei www.GRIN.com hochladen
und kostenlos publizieren

Bibliografische Information der Deutschen Nationalbibliothek:

Die Deutsche Bibliothek verzeichnet diese Publikation in der Deutschen National-
bibliografie; detaillierte bibliografische Daten sind im Internet über http://dnb.d-
nb.de/ abrufbar.

Impressum:

Copyright © 2004 GRIN Verlag, Open Publishing GmbH
Druck und Bindung: Books on Demand GmbH, Norderstedt Germany
ISBN: 978-3-638-80205-5

Dieses Buch bei GRIN:

http://www.grin.com/de/e-book/26849/das-japanische-gesundheitssystem-analyse-
anhand-verschiedener-kriterien

Franziska Bittner, Ute Hehmann

Das japanische Gesundheitssystem. Analyse anhand verschiedener Kriterien

GRIN Verlag

GRIN - Your knowledge has value

Der GRIN Verlag publiziert seit 1998 wissenschaftliche Arbeiten von Studenten, Hochschullehrern und anderen Akademikern als eBook und gedrucktes Buch. Die Verlagswebsite www.grin.com ist die ideale Plattform zur Veröffentlichung von Hausarbeiten, Abschlussarbeiten, wissenschaftlichen Aufsätzen, Dissertationen und Fachbüchern.

Besuchen Sie uns im Internet:

http://www.grin.com/

http://www.facebook.com/grincom

http://www.twitter.com/grin_com

Fachhochschule Neubrandenburg

Fachbereich Soziale Arbeit und Gesundheit

Studiengang Gesundheitswissenschaften

Das japanische Gesundheitssystem

Gesundheitssysteme im Vergleich

A u s a r b e i t u n g

zum

Referat

Vorgelegt von: Franziska Bittner   Ute Hehmann

Inhaltsverzeichnis

Abbildungsverzeichnis

Tabellenverzeichnis

1 Einleitung

Das japanische Gesundheitssystem wurde im Jahre 1961 eingeführt und ermöglicht es jedem, die notwendige medizinische Versorgung zu erhalten, die er benötigt. Hierfür ist es erforderlich, Mitglied einer Krankenkasse zu sein.[1] So verfügt Japan – ähnlich wie Deutschland – über ein gegliedertes Krankenversicherungssystem, mit einem Unterschied. Die gesetzliche Krankenversicherung umfasst die gesamte Bevölkerung, so dass es keine Möglichkeit für Personen höherer Einkommensgruppen gibt, von der gesetzlichen in eine private Krankenversicherung zu wechseln. In Japan gibt es mehr als 5000 Krankenkassen, darunter 1.800 Betriebskrankenkassen und 3.000 Ortskrankenkassen. Die Finanzierung der Leistungen erfolgt Größtenteils (49,9 Prozent) durch Sozialbeiträge, aber auch durch Steuern und private Zuzahlungen.[2]

Dem „Japan Information Network" (JIN) zufolge ist das japanische Gesundheitssystem beispiellos in der Welt, so dass diesem international vielseitig Lob und Anerkennung entgegengebracht wurde.[3]

In diesem Sinne besteht das Ziel dieser Hausarbeit darin, das japanische Gesundheitssystem anhand verschiedener Kriterien vorzustellen:

    (1) die wirtschaftlichen und demographischen Rahmenbedingungen Japans,

    (2) die Grundstruktur des Gesundheitswesens,

    (3) die Mittelaufbringung im Gesundheitswesen,

    (4) die Leistungserbringung und Inanspruchnahme im Gesundheitswesen,

    (5) die Mittelverwendung und Vergütung der Leistungserbringer,

    (6) die Qualitätssicherung der Gesundheitsversorgung,

    (7) die Mündigkeit und Autonomie der Versicherten und Patienten und

    (8) die Anforderungen an zukünftige Reformen.

Im Anschluß daran erfolgt eine gedankliche Auseinandersetzung mit den hier dargestellten Inhalten, die positive Rückschlüsse erkennen lassen.

---

[1] (vgl. www.jinjapan.org, Stand: 08.01.2004)

[2] (vgl. Schneider et al., 1995, S. 313)

[3] (vgl. www.jinjapan.org, Stand: 08.01.2004)

2 Wirtschaftliche und demographische Rahmenbedingungen

Mit einer Gesamtbevölkerung von 127 Millionen und einer Bevölkerungsdichte von 336 Personen pro km^2, nimmt Japan in der globalen Rangordnung den neunten Platz ein. Die Altersstruktur hat sich in den Jahren von 1960 bis 2000 mit einer Erhöhung der Lebenserwartung um 13,4 Jahre deutlich verändert. Im OECD-Vergleich wies Japan diesbezüglich im Jahr 2001 mit einem Anteil von 17,8 Prozent, neben Italien, die zweithöchste Rate auf. Mit einer durchschnittlichen Lebenserwartung von 81 Jahren liegt Japan an der Spitze der Rangordnung weltweit (siehe Tab.1). Dieser Umstand wird einerseits durch eine extrem niedrige Sterblichkeitsrate von Kindern unter 5 Jahren begleitet. Japan nimmt hier mit 3,1 Todesfällen auf 1000 Lebendgeburten welt-weit den ersten Platz ein, dicht gefolgt von Finnland mit 3,2 Fällen[4].

In den 60er und 70er Jahren stellte der Schlaganfall die häufigste Todesursache dar, allerdings konnte in der letzten Hälfte der 70er Jahre diesbezüglich ein starker Rückgang beobachtet werden. Seit den 80er Jahren zählt vielmehr Krebs zu der häufigsten Todesursache bei einem kontinuierlichen Jahresanstieg. Ein Überblick des Gesundheitsministeriums veranschaulicht die prozentualen Verteilungsverhältnisse der Todesursachen aus dem Jahr 1995: Krebs (28,2%), cerebrovaskuläre Erkrankungen (15,9%), Herzerkrankungen (15,1%) und Lungenentzündungen (8,6%).[5]

Der Trend immer älter werdender Menschen kombiniert mit einer Reduktion der Fertilitätsrate, führt zu einem ständigen Anstieg der älteren Bevölkerung – eine Entwicklung wie sie in anderen OECD-Ländern gleichen Falls zu beobachten ist[6].

Diese Entwicklung geht mit hohen Gesundheitsausgaben einher. Mit einem Level von 8 Prozentpunkten des Bruttoinlandproduktes wendet Japan jedoch weit aus weniger Kosten auf, als dies für ein OECD-Land mit einem derartigen Lebensstandard erwartet werden könnte. Im Vergleich hierzu weist Deutschland eine Rate von 10,7 Prozentpunkten auf und ist damit OECD-führend. Die Vereinigten Staaten von Amerika hinge-

---

[4] Im Vergleich dazu: Deutschland weist 4,5 Todesfälle auf 1000 Lebendgeburten auf.

[5] (vgl. JIN, www.jinjapan.org/ccess/health/insurance.html; [Stand: 08.01.2004])

[6] (vgl. www.oecd.org/dataoecd/...; [Stand: 12.01.2004])

gen gaben, gemessen an ihrem BIP, mit 13,9 Prozent die meisten Gelder für die Gesundheit aus (siehe Abb. 1).

Tabelle 1: wirtschaftliche und demographische Rahmenbedingungen in Japan

	1970	1980	1990	1995	2001
Demographische Rahmendaten					
Gesamtbevölkerung (in 1000)	104.665	117.060	123.611	125.570	127.130
Bevölkerung: 65 Jahre und älter (Anteil an Gesamtbev.) (in %))	7,1	9,1	12,1	14,6	17,8
Geburtenziffer (in 1000) (in %)	k.A.	k.A.	9,7**	k.A.	k.A.
Todesfälle (in 1000) (in %)	k.A.	k.A.	6,9**	k.A.	k.A.
Erwerbsbevölkerung (in Mio.)	k.A.	k.A.	62,49 [7]	64,57 [7]	64,81 [7][8]
Erwerbspersonen (% der arbeitsfähigen Bev., >15Jahre)	k.A.	k.A.	63,8 [7]	63,4 [7]	62,6 [7][8]
Arbeitslose (% der Gesamtbev.)	k.A.	k.A.	2,1 [7]	3,2 [7]	4,6 [7][8]
Lebenserwartung (in Jahren)					81*
- Frauen	74,7	78,8	81,9	82,9	84,9
- Männer	69,3	73,4	75,9	76,4	78,1
Kindersterblichkeit (Todesfälle pro 1000 Lebendgeburten)	13,1	7,5	4,6	4,3	3,1
Arbeitslosenquote (in %)	k.A.	k.A.	2,2 **	k.A.	k.A.
Volkswirtschaftliche Indikatoren					
Bruttosozialprodukt (in Mrd. US$)	k.A.	k.A.	k.A.	k.A.	5528,7***
Bruttosozialprodukt (pro Kopf in US$)	k.A.	k.A.	k.A.	k.A.	43500,58***
Bruttoinlandsprodukt[9] (in Billionen US $)	206,807	1075,226	3053,154	5303,789	4175,592
Bruttoinlandsprodukt (pro Kopf in US$)	1993,902	9205,7	24713,892	42237,71	32803,512
Bruttoinlandsprodukt (Mio US$ Wechselk.)	k.A.	k.A.	k.A.	k.A.	k.A.
Gesamtausgaben des Staates	k.A.	k.A.	k.A.	1.013,1****	k.A.

[7] (Quelle: Wallraf, Wolfram, 2000, S. 17)

[8] Zahl stammt aus dem Jahr 1999

[9] gemessen an aktuellen Preisen und Wechselkursen; Quelle: http://cs4-hq.oecd.org)

(Mrd. US$ Wechselkurs)	k.A.	k.A.	k.A.	k.A.	k.A.
Einnahmen des Staates (Mrd. US$ Wechselk.)	k.A.	k.A.	k.A.	892,795****	k.A.
Bruttoinlandsprodukt (Mio. US$ KKP)	k.A.	k.A.	k.A.	k.A.	k.A.
Gesamtsozialausgaben					
Gesamtsozialausgaben, öffentlich (Mio. US$ KKP)	k.A.	k.A.	k.A.	k.A.	k.A.
Gesamtsozialausgaben, öffentlich (% BIP)	k.A.	k.A.	k.A.	k.A.	k.A.
Gesundheitsausgaben					
Gesamtgesundheitsausgaben (% BIP)	4,5	6,4	5,9	6,8	8
Gesamtgesundheitsausgaben (pro Kopf in US$)	130	523	1082	1581	2131

Quelle: OECD Health Data 2003 3rd ed.
*Quelle: Weltentwicklungsbericht 2003, S. 286, Zahl aus dem Jahr 2000,
** Quelle: Schneider et al., 1995; Zahlen aus dem Jahr 1992
*** Quelle: www.jinjapan.org, 2004; Umrechnungskurs € - US$: 1.2151
****Quelle: Microsoft ® Encarta ® Enzyklopädie 2002. Stichwort: Japan; Zahl aus dem Jahr 1993

Abbildung 1: Entwicklung der Gesundheitsausgaben 1970-2001, in % des Brutto-inlandproduktes

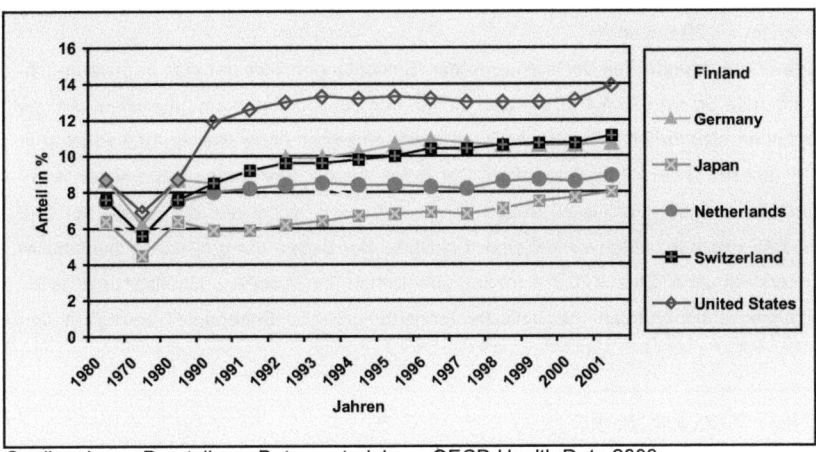

Quelle: eigene Darstellung, Datenmaterial aus OECD Health Data 2003

3 Grundstruktur des Gesundheitswesens

Das Gesundheitssystem Japans ist durch private Besitzstände der Anbieterseite (Krankenhäuser, Arztpraxen, Apotheken, Pflegeeinrichtungen) einerseits und durch die öffentliche Finanzierung der Nachfrageseite (Krankenversicherung) andererseits charakterisiert. So sind es hauptsächlich private Einrichtungen, die Gesundheitsleistungen anbieten. Allerdings steht der Erwerb von Gesundheitsleistungen der gesamten Bevölkerung unter Kontrolle des Staates und der Versicherungsträger. In Japan besteht von daher eine Versicherungspflicht der gesamten Bevölkerung.[10]

Zu den drei Hauptakteuren des japanischen Gesundheitssystems zählen die Patienten, die Leistungserbringer und die Versicherungsträger. Da letztere in öffentlicher Hand liegen und in vertraglicher Beziehung mit privaten Anbietern stehen, handelt es sich bei dem japanischen Gesundheitssystem um ein „öffentliches Vertragsmodell" („public contract model").[11]

3.1 Leistungserbringer

Ambulante und stationäre Behandlungen werden in Krankenhäusern und Arztpraxen geleistet. Ein Großteil der Arztpraxen verfügt über Einrichtungen der stationären Pflege, so dass sie in diesem Sinne kleine Krankenhäuser darstellen. Hierbei werden zwei Kategorien unterschieden: 1.) Krankenhäuser mit mehr als 20 Betten, 2.) Praxen mit weniger als 20 Betten.[12]

Der überwiegende Teil der medizinischen Einrichtungen befindet sich in privater Trägerschaft. So sind 96,4 Prozent aller Betten der zweiten Kategorie privatisiert, d.h. sie befinden sich zu 77,1 Prozent in Privatbesitz einzelner Ärzte und zu 19,3 Prozent in Privatbesitz privater Körperschaften. Der Anteil privatisierter Betten liegt bei den Krankenhäusern mit mehr als 20 Betten bei 54,9 Prozent, wobei hier die Anteile bei 14,9 und 40 Prozentpunkten verteilt sind. Ein Drittel der Betten der großen Krankenhäuser untersteht dem Staat, 20,8 Prozent öffentlichen Institutionen. Ebenso unterhalten Krankenversicherungen medizinische Einrichtungen. Ihr Bettenanteil beträgt in den

---

[10] (vgl.: OECD, 2001, S. 10)
[11] (vgl.: OECD, 2001, S. 10)
[12] (vgl. Grothe, 1997, S. 19)

großen Krankenhäusern[13] jedoch nur 2,3 Prozent, im Bereich der Praxen nur 1 Prozent, so dass ihr Anteil kaum ins Gewicht fällt.[14]

Da einerseits die Krankenhäuser Ambulanzen unterhalten und andererseits medizinischen Einrichtungen vornehmlich nach ihrer Größe kategorisiert werden, ist in Japan eine Differenzierung nach Behandlungsart (stationär oder ambulant) – wie in Deutschland – nicht vorzufinden. Ein „Hausarztsystem" wie in Deutschland existiert also nicht. Allerdings nehmen die niedergelassenen Ärzte, die einen Großteil der ambulanten Versorgung leisten, gegenüber den Familien ihres Stadtviertels eine dem deutschen Hausarzt ähnliche Position ein[15].

3.2 Versicherungsträger (Krankenversicherung)

Die Versicherungsträger beziehen seitens der Bevölkerung und den Beschäftigten Beiträge, mit denen die Leistungen der Leistungserbringer direkt beglichen werden.

Das japanische Krankenversicherungssystem ist komplex aufgebaut, was in seiner historischen Entwicklung begründet liegt.[16]

Seit 1961 ist die gesamte Bevölkerung Japans in sozialen Krankenversicherungssystemen versichert, die grob in zwei Gruppen aufgeteilt werden können: (1) Das Krankenversicherungssystem für Beschäftigte und (2) die Nationale Krankenversicherung (*Kokumin Kenko Hoken*) (siehe Abb. 2).

Ersteres umfasst ca. 1900 Versicherungsgesellschaften, orientiert sich an der Arbeitsstelle des Versicherten und erfasst nichterwerbstätige Familienangehörige. Dieses Krankenversicherungssystem umfasst 7 verschiedene Versicherungsformen, von denen drei durch die staatliche Sozialversicherungsagentur (SVA) organisiert und verwaltet werden. Die SVA stellt den größten Sozialversicherungsträger in Japan dar. Von ihr werden insbesondere kleine und mittlere Unternehmen erfasst, die für ihre Beschäftigten aus wirtschaftlichen Gründen keine privaten Versicherungen (bzw. keine genos-

---

[13] also mehr als 20 Betten

[14] (vgl. Grothe, 1997, S. 20)

[15] (vgl. Grothe, 1997, S. 19)

[16] (vgl.: OECD, 2001, S. 13)

senschaftlichverwaltete Krankenkasse aufbauen können)[17] abschließen können – aber auch Tagelöhner und Seeleute. Auf diese Weise werden 30 Prozent aller Versicherten versorgt.[18]

Abbildung 2: Übersicht der Krankenversicherungen in Japan

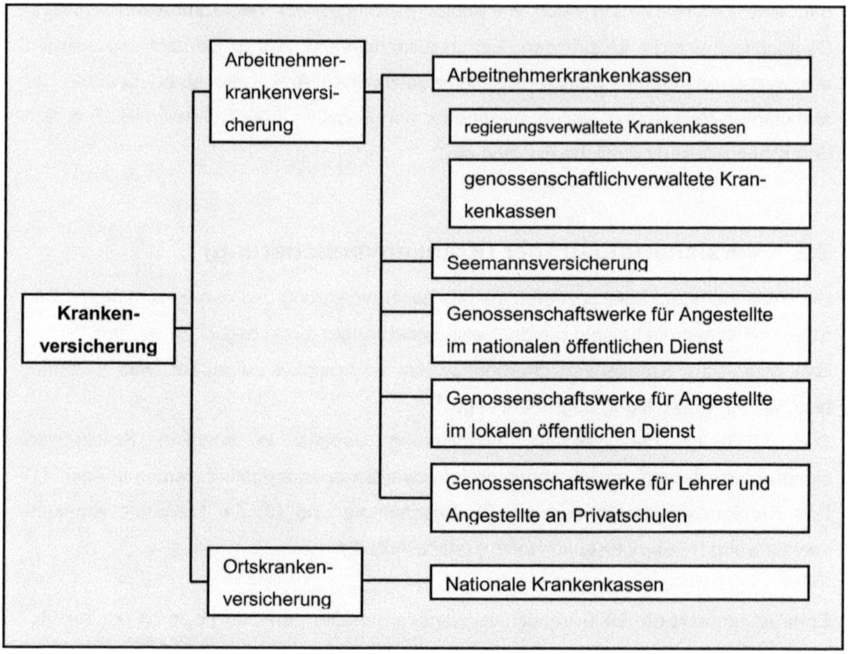

```
                    Arbeitnehmer-
                    krankenversi-        Arbeitnehmerkrankenkassen
                    cherung
                                         regierungsverwaltete Krankenkassen

                                         genossenschaftlichverwaltete Kran-
                                         kenkassen

                                         Seemannsversicherung

    Kranken-                             Genossenschaftswerke für Angestellte
    versicherung                         im nationalen öffentlichen Dienst

                                         Genossenschaftswerke für Angestellte
                                         im lokalen öffentlichen Dienst

                                         Genossenschaftswerke für Lehrer und
                                         Angestellte an Privatschulen

                    Ortskranken-
                    versicherung         Nationale Krankenkassen
```

Quelle: Kemporen, 2003, S. 4

Beschäftigte größerer Unternehmen werden durch ihre Arbeitgeber in privaten Gesellschaften versichert, von denen gegenwärtig ca. 1800 existieren und 26 Prozent aller Versicherten abdecken. Betriebskrankenkassen können laut Gesetz von einem Betrieb mit 300 Beschäftigten gegründet werden. Eine Zulassung wird jedoch nur einem Un-

---

[17] In der Literatur werden privatverwaltete Betriebskrankenkassen und genossenschaftlichverwaltete Krankenkassen gleichgesetzt. Ebenso verhält es sich mit der regierungsverwalteten Krankenkasse und den öffentlich verwalteten Betriebskrankenkassen)

[18] (vgl. Wallraf, 2000, S. 20)

ternehmen mit 700 Beschäftigten oder Firmenverbänden mit mehr als 3000 Arbeitnehmern erteilt.[19]

Beamte und Angestellte zentralstaatlicher Einrichtungen sowie Beschäftige staatlicher
Unternehmen werden durch insgesamt 27 Versicherungsassoziationen der jeweiligen
Behörden versorgt. Die Gesundheitsversorgung kommunaler Bediensteter erfolgt
durch 54 Versicherungsträger, die nach Präfekturen bzw. Großkommunen mit Prä-
fekturstatus gegliedert sind. Lehrer und Beschäftige an Privatschulen sind gesondert in
Beamtenkrankenkassen krankenversichert.

**Tabelle 2: Anzahl der durch Krankenversicherung gedeckten Personen
(Stand: 31. März 2002, Angaben in Tausend)**

Krankenkassen	Versicherte	Angehörige	Total	%
Betriebkrankenkassen				
- regierungsverwaltete Kassen	19.124	17.175	36.299	28,7
- Tagelöhnersonderversicherte	28	14	41	0,0
- genossenschaftlich verwaltete Kassen	14.936	16.081	31.018	24,5
Seemannsversicherung	78	134	212	0,2
Genossenschaftswerke für Angestellte im öffentlichen Dienst	1.135	1.490	2.625	2,1
Genossenschaftswerke für Angestellte im lokalen öffentlichen Dienst	2.888	3.599	6.488	5,1
Genossenschaftswerke für Lehrer und Angestellte an Privatschulen	451	374	825	0,7
Nationale Krankenversicherung	48.953	-	48.953	38,7
Total	87.593	38.867	126.461	100

Quelle: Kemporen, 2003, S. 57

Das zweite große Krankenversicherungssystem stellt die nationale Krankenversicherung dar, durch die Selbständige, Freiberufler, Landwirte und Ruheständler
verschiedener Beschäftigten-Versicherungen erfasst werden. Dieses System umfasst
insgesamt 3.417 Versicherungsträger. Ein Großteil (3.252) dieser ist den Kommunen
angegliedert, die Restlichen (166) werden von den jeweiligen Berufsverbänden getra-

---

[19] (vgl. Kemporen, 2003, S. 4)

gen.[20] Zu bemerken sei, dass die Nationale Krankenkasse den Status der Mitversicherung nicht führt.[21]

Tabelle 2 gibt abschließend einen Überblick über die Anzahl der durch die Krankenversicherungen abgedeckten Personen.

3.2.1 Das medizinische Versorgungssystem für Rentner

Nach dem Ausscheiden aus dem Berufsleben werden ältere Rentner der Arbeitnehmerkrankenversicherung und den Genossenschaftswerken in die Nationale Krankenversicherung eingegliedert, wodurch das Leistungsniveau jedoch ungünstigerweise absank. Aus diesem Grund wurde 1984 das medizinische Versorgungssystem für Rentner eingeführt, das aber kein selbständiges Versicherungssystem darstellt. Auf diese Weise konnte für die Rentner ein höheres Leistungsniveau erreicht werden, als dies für die normalen Mitglieder der Nationalen Krankenversicherung möglich ist.

Die Rentner, die von der Arbeitnehmerkrankenversicherung ausgeschieden und in die Nationale Krankenversicherung eingegliedert waren, wurden mit der Einführung dieses Systems – mittels einer eigenen Kostenstelle – von den sonstigen Mitgliedern der nationalen Krankenversicherung ausgesondert. Somit konnte eine Deckungsgleichheit zwischen den medizinischen Kosten und den Beiträgen der versicherten Rentner und der Kostenbeteiligung der Arbeitnehmerkrankenversicherung erreicht werden. Das medizinische Versorgungssystem für Rentner bezieht sich also auf Versicherte der Nationalen Krankenversicherung, die gleichzeitig eine Altersrente nach dem Gesetz der Arbeitnehmerrentenversicherung erhalten oder deren Familienangehörigen[22].

Der Aufbau dieses Systems ist in Abbildung 3 dargestellt:

---

[20] (vgl. Wallraf, 2000, S. 21)

[21] (vgl. Kemporen, 2003, S. 5f.)

[22] (vgl. Kemporen, 2003, S. 18)

Abbildung 3: Aufbau des medizinischen Versorgungssystems für Rentner

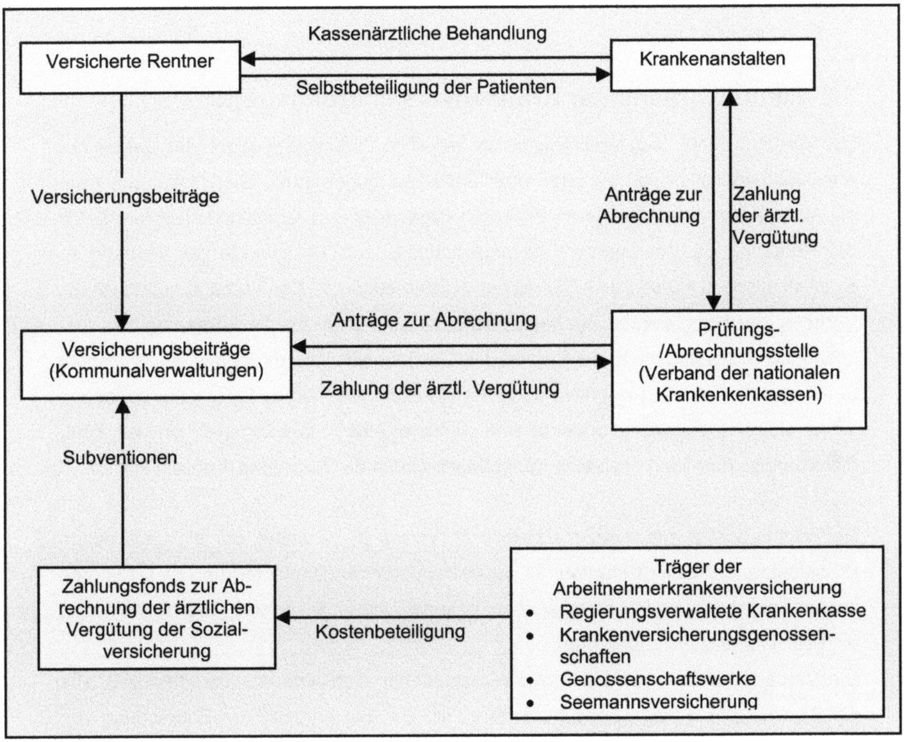

Quelle: Kemporen, 2003, S. 19

3.2.2 Krankenpflege- und medizinisches Versorgungssystem für ältere Menschen

Dieses System basiert auf dem zuvor erklärten. Das bedeutet, es bezieht sich auf die Versicherten in der Nationalen Krankenversicherung, die über 75 Jahre alt (Gesundheitsreform 2002: Erhöhung der Altergrenze von 70 auf 75 Jahre) sind oder in der Altersgruppe zwischen 65 und 75 Jahren dauerhaft bettlägerig bzw. vergleichbar behindert sind[23]. Was die Finanzierung und das Leistungsspektrum dieses Versorgungssystems betrifft, so wird hierauf in den nächsten dafür vorgesehenen Abschnitten näher

---

[23] (vgl. Kemporen, 2003, S. 21)

eingegangen werden – gleiches gilt für die bereits aufgezeigten Strukturelemente des Gesundheitssystems.

3.3 Zentralverband der Krankenversicherungsträger

Der Verband wurde 1932 ursprünglich als freiwillige Vereinigung gegründet, um bei der Abschließung kollektiver Verträge über Behandlungsgebühren, Dienstleitungen usw. mit Ärzteverbänden und anderen ähnlichen Organisationen vermittelnd zu agieren. „Mit der Änderung des Krankenversicherungsgesetzes von 1943 wurde der Verband zu einer juristischen Person des öffentlichen Rechts erklärt."[24] Der Verband setzt sich als Vertreter der Krankenkassengenossenschaften sehr aktiv für die Förderung des Genossenschaftssystems und die Reform des Gesundheitssystems Japans ein. In diesem Sinne spielt er bei der Fortentwicklung der Krankenversicherung innerhalb des japanischen Sozialversicherungssystems eine wichtige Rolle[25]. Die Organisation des Zentralverbandes der Krankenversicherungsträger wird in der Abbildung 4 ersichtlich.

Der Verband wird durch einen Exekutivrat (Vorstand) verwaltet, der sich aus einem Präsidenten, 5 Vize-Präsidenten, 12 geschäftsführenden Direktoren und 67 Direktoren zusammensetzt. Der Verbandshauptsitz befindet sich in Tokyo und jeder Präfektur ist ein Präfekturverband zugeordnet.
Die Verbandszentrale setzt sich aus verschiedenen Abteilungen zusammen, z.B. aus der Abteilung für Planung und Forschung, die u.a. die Aufgabe der Erforschung von Krankenversicherungssystemen oder der sozialen Sicherung im In- und Ausland zukommt. Die Abteilung für Public Relations ist andererseits für die Herausgabe der Genossenschaftszeitschriften sowie der Förderung der Öffentlichkeitsarbeit zuständig. Die Aufgabe der Beratung über Geschäfte für den Gesundheitsschutz der Mitgliedsgenossenschaften sowie der Gesundheitsförderung für ältere Menschen ist der Abteilung für Gesundheit zugeordnet. Die Abteilung für medizinische Versorgung befasst sich hingegen mit der Untersuchung der medizinischen Versorgung und ihren Kosten, mit den Kosten bei Pflegedienstleistungen u.v.a.m..[26]

---

[24] (Kemporen, 2003, S. 32)

[25] (vgl. Kemporen, 2003, S. 31)

[26] (vgl. Kemporen, 2003, S. 32)

**Abbildung 4: Organisation des Zentralverbandes der Krankenversicherungs-
träger**

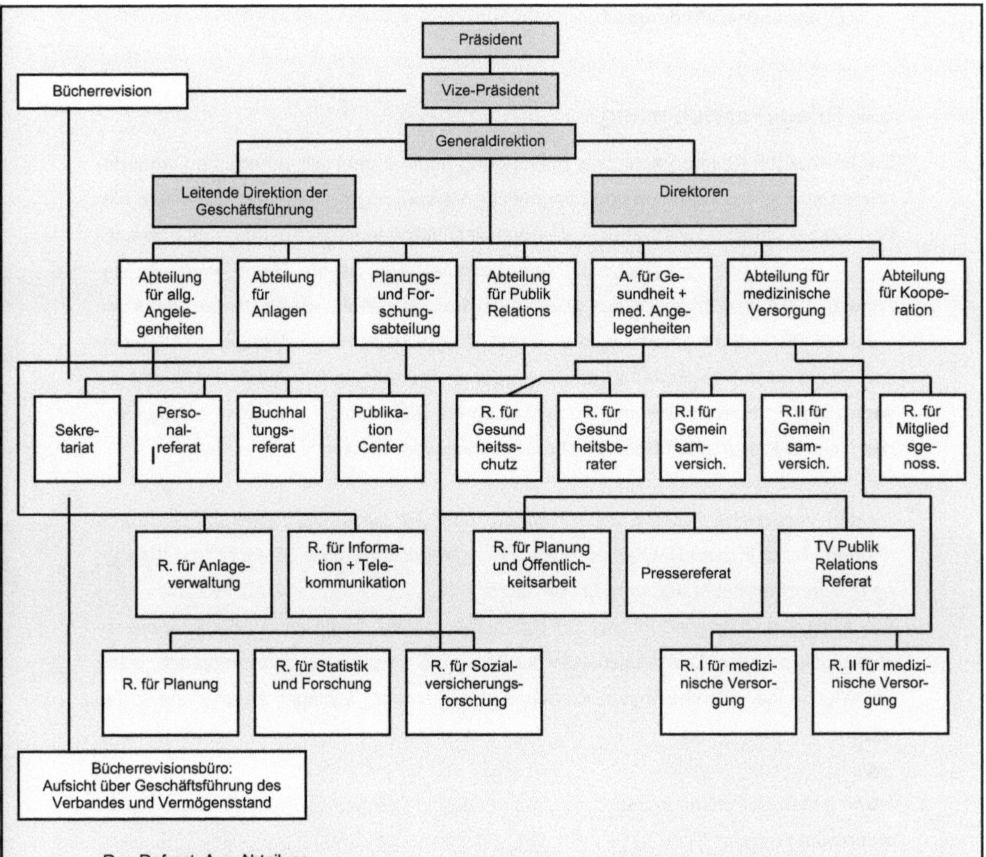

Präsident	
Bücherrevision — Vize-Präsident	
Generaldirektion	

Leitende Direktion der Geschäftsführung — Direktoren

Abteilung für allg. Angelegenheiten | Abteilung für Anlagen | Planungs- und Forschungsabteilung | Abteilung für Publik Relations | A. für Gesundheit + med. Angelegenheiten | Abteilung für medizinische Versorgung | Abteilung für Kooperation

Sekretariat | Personalreferat | Buchhaltungsreferat | Publikation Center | R. für Gesundheitschutz | R. für Gesundheitsberater | R.I für Gemeinsamversich. | R.II für Gemeinsamversich. | R. für Mitgliedsgenoss.

R. für Anlageverwaltung | R. für Information + Telekommunikation | R. für Planung und Öffentlichkeitsarbeit | Pressereferat | TV Publik Relations Referat

R. für Planung | R. für Statistik und Forschung | R. für Sozialversicherungsforschung | R. I für medizinische Versorgung | R. II für medizinische Versorgung

Bücherrevisionsbüro:
Aufsicht über Geschäftsführung des Verbandes und Vermögensstand

R. = Referat; A. = Abteilung

Quelle: Kemporen, 2003, S. 32

Dem Verband obliegt ein breites Aufgabenspektrum. Zu diesem zählen:

(1) Politische Aktivitäten zur Sicherstellung der medizinischen Versorgung der Bürger,

(2) Mitwirkung bei der Rationalisierung der medizinischen Aufgaben,

(3) Förderung der genossenschaftsorientierten Dienstleistungen und Gründung neuer Genossenschaften,

(4) Förderung der Kooperation unter den Genossenschaften,

(5) Öffentlichkeitsarbeit,

(6) Forschung und Entwicklung im Gesundheitssystem und

(7) Gesundheitsförderung.[27]

3.4 Pflegeversicherung

Die dramatische demographische Entwicklung Japans geht mit erheblichen Anforderungen an das medizinische und pflegerische Versorgungssystem alter Menschen einher. Dieser Umstand wird infolge des gesellschaftlichen Wandels durch eine abnehmende Bereitschaft zu häuslicher Pflege begleitet. Aus diesem Grund wurde im Dezember 1997 im Parlament das Pflegeversicherungsgesetz verabschiedet, dass am 1.April 2000 in Kraft gesetzt wurde. Damit Pflege- bzw. Hilfsbedürftige im Alter entsprechend ihren Fähigkeiten ihr tägliches Leben selbständig führen können, bietet die gesetzliche Pflegeversicherung ein umfassendes Dienstleistungsangebot an, das von den Versicherten je nach Bedarf wahrgenommen werden kann.[28]

Zu den Versicherten zählen alle Einwohner über 40 Jahre. Die Einteilung der Versicherten erfolgt in zwei Kategorien: Kategorie I: Versicherte über 65 Jahre und Kategorie II: Versicherte über 40 Jahre bis 64 Jahre.
Alle Pflege- und Hilfsbedürftigen der Kategorie I haben Anspruch auf die Pflegeversicherungsleistungen. Die Versicherten der Kategorie II haben nur dann Anspruch, wenn sie wegen einer altersbedingten Krankheit (z.B. Demenz, Schlaganfall) pflegebedürftig werden.[29]

Wann gelten Betroffene in Japan als pflegebedürftig und welche Prozedur muss hierfür durchlaufen werden?

In diesem Sinne veranschaulicht Abbildung 5 die Wege, die gegangen werden müssen, um Anspruch auf Leistungen durch die Pflegeversicherung zu erhalten.

---

[27] (vgl. Kemporen, 2003, S. 33-36)

[28] (vgl. Kemporen, 2003, S. 49)

[29] (vgl. Kemporen, 2003, S. 50)

Abbildung 5: Ablauf der Dienstleistungen in der gesetzlichen Pflegeversicherung

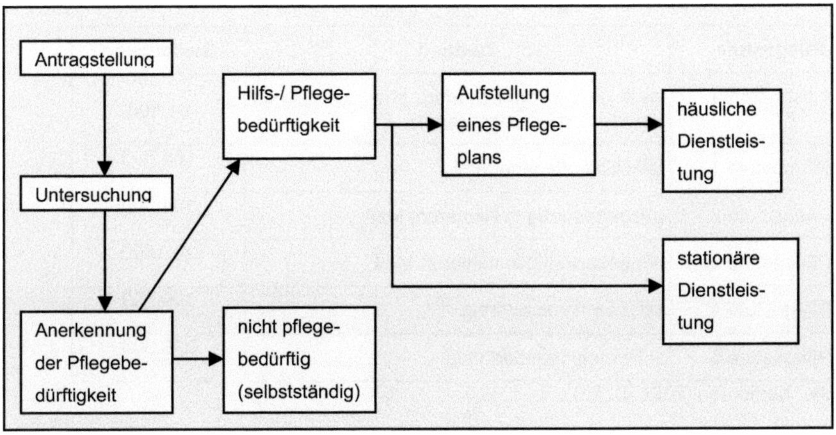

Antragstellung

Untersuchung

Anerkennung der Pflegebedürftigkeit

Hilfs-/ Pflegebedürftigkeit

nicht pflegebedürftig (selbstständig)

Aufstellung eines Pflegeplans

häusliche Dienstleistung

stationäre Dienstleistung

Quelle: Kemporen, 2003, S. 52 (abgewandelt)

Das Ergebnis einer Entscheidung über die Pflegebedürftigkeit wird innerhalb von 30 Tagen durch die Kommunalverwaltung mitgeteilt. Werden Antragssteller als „selbständig" eingestuft, so erhalten diese keinen Leistungsanspruch seitens der Pflegeversicherung – allerdings können sie soziale Dienstleistungen der Kommunalverwaltung in Anspruch nehmen. Erfolgt eine Einstufung in „hilfsbedürftig" oder „pflegebedürftig 1-5", so können Betroffenen zwischen häuslichen und stationären Leistungen wählen – mit Ausnahme der Hilfsbedürftigen: Ihnen stehen nur häusliche Pflegeleistungen zu.[30]

Tabelle 3 zeigt in diesem Zusammenhang die jeweiligen Pflegestufen und die monatliche Obergrenze der Geldleistungen bei häuslicher Pflege auf. Letzteres ist in diesem Abschnitt weniger von Bedeutung, wird aber im Kapitel der Leistungserbringung aufgegriffen.

Die Anerkennung der Pflegebedürftigkeit läuft nach sechs Monaten ab. Innerhalb der letzten sechzig Tage muss eine Verlängerung bei der Kommunalverwaltung gestellt werden. Eine Änderung der Pflegestufe muss ebenfalls beantragt werden.[31]

---

[30] (vgl. Kemporen, 2003, S. 52)

Tabelle 3: Pflegestufe und monatliche Obergrenze der Geldleistungen (in Yen) bei häuslicher Pflege

Pflegestufe	Zustand	Gesamtwert
hilfsbedürftig	zwar nicht pflegebedürftig, aber auf Hilfe im tägliche Leben angewiesen	61.500
Pflegestufe 1	teilweise pflegebedürftig	165.800
Pflegestufe 2	pflegebedürftig in kleinerem Maß	194.800
Pflegestufe 3	pflegebedürftig in mittleren Maß	267.500
Pflegestufe 4	schwerpflegebedürftig	306.000
Pflegestufe 5	schwerstpflegebedürftig	358.300

(Quelle: Kemporen, 2003, S. 53)

4 Mittelaufbringung im Gesundheitswesen

Nachdem im Kapitel 3 die Grundstruktur des japanischen Gesundheitssystems vorgestellt wurde, gilt es nun, die Mittelaufbringung – die Finanzierung der jeweiligen Akteure – zu reflektieren. Die Abhandlung orientiert sich dabei an den Angaben des vorherigen Kapitels.

Der Großteil des japanischen Gesundheitswesen wird mit 57,5 Prozent durch das Krankenversicherungssystem (je etwa zur Hälfte von Arbeitnehmern und Arbeitgebern) getragen. Die Staatskasse finanziert 23,7 Prozent, Kommunen und Präfekturen 7 Prozent und die Patienten in Form von Selbstkostenbeteiligungen (zuzüglich zu den Versicherungsbeiträgen) 11,8 Prozent.[32]

---

[31] (vgl. Kemporen, 2003, S. 53)

[32] (vgl. Grothe, 1997, S. 24)

4.1 Finanzierung der Krankenversicherungsträger

Anknüpfend an die Grundstruktur der Leistungserbringer, veranschaulicht Abbildung 6 die Geld[33]- aber auch Leistungsströme[34] zwischen den drei Hauptakteuren des japanischen Gesundheitssystems: (Letztere werden in diesem Punkt nicht betrachtet.)

Patienten bzw. Krankenversicherte und Arbeitgeber zahlen an die jeweiligen Versicherungsträger Beiträge, die in ihrer Summe einen Anteil von 41,7 Prozent der gesamten Gesundheitsausgaben ausmachen. Zuzüglich erhalten die Krankenkassen staatliche Subventionen mit einem Anteil von 25,4 Prozent der gesamten Gesundheitsausgaben. Allerdings wird ein Teil der staatlichen Unterstützung aus Steuergeldern bezogen, die also seitens der Bevölkerung erbracht werden. Die Beiträge werden nun kassenabhängig weitergeleitet: So transferieren die Ortskrankenkassen (NHI=National Health Insurance) die Beiträge an den Verband nationaler Krankenkassen, die 7 restlichen Krankenkassenarten der Arbeitnehmerkrankenversicherung (regierungsverwaltete Krankenkassen, privat-verwaltete (bzw. genossenschaftlich verwaltete) Krankenkassen etc.) an den Zahlungsfonds zur Abrechnung der ärztlichen Vergütung der Sozialversicherung (fortan: Zahlungsfonds) (Social Insurance Medical Care Fee Payment Fund).

Die Gebührenerstattung für die medizinische Versorgung der Versicherten durch die Krankenkassen erfolgt über diesen Zahlungsfonds, dem die Leistungserbringer monatlich ausführliche Berichte (Rechnungsscheine) über die erbrachten medizinischen Leistungen für die Mitglieder und Familienangehörigen vorlegen müssen. Die Unterlagen werden daraufhin (vom Zahlungsfonds) auf ihre Richtigkeit und die Angemessenheit der medizinischen Leistungen geprüft und i.F. von Rechnungen an die Krankenkassen weitergeleitet. Der Versicherungsträger zahlt dem Zahlungsfonds einen für jeden Rechnungsschein festgelegten Betrag als Prüfungsgebühr, der 2003 auf 114,20 Yen (= 0,87 Euro) festgesetzt war.[35]

---

[33] dargestellt durch normale Linien

[34] dargestellt durch gestrichelte Linien

[35] (vgl. Kemporen, 2003, S. 17)

Abbildung 6: Der Finanzierungs- und Leistungsfluss des japanischen Gesundheitssystems

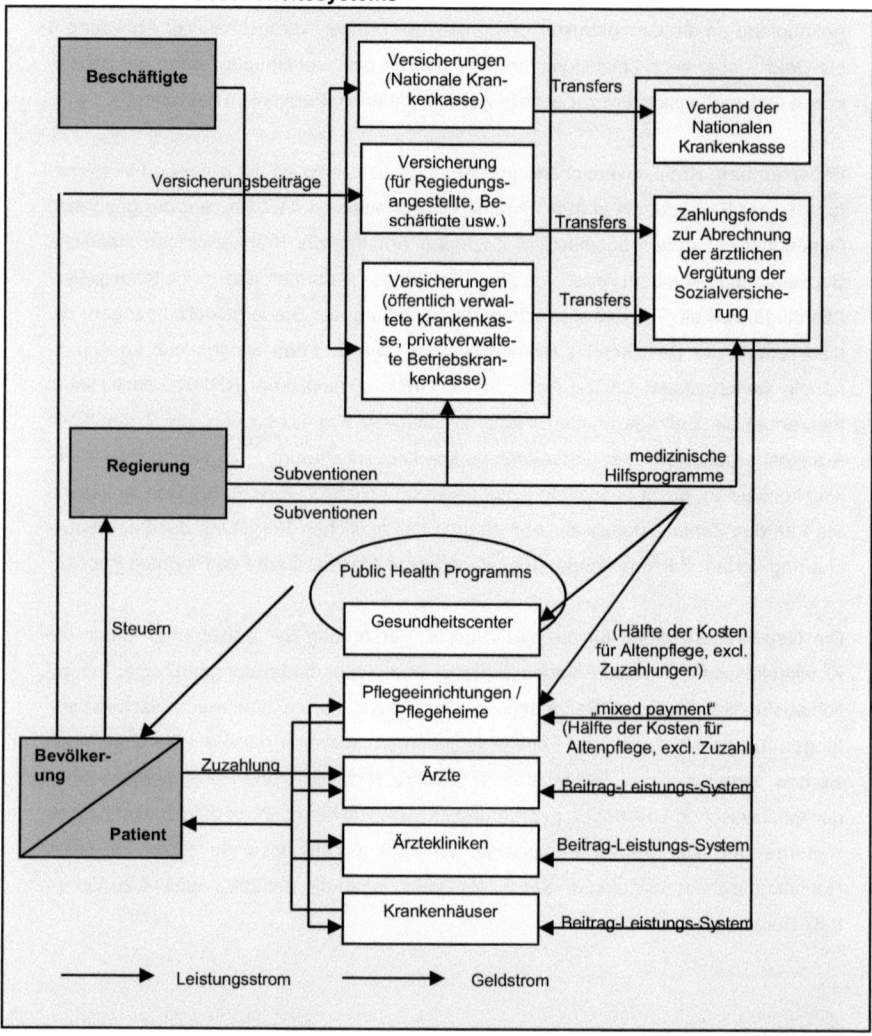

Quelle: OECD, 2001, S. 10

Aus den Beiträgen der Versicherten und den Subventionen des Staates werden die ärztlichen Leistungen seitens des Zahlungsfonds erstattet. Die Leistungsvergütung erfolgt hier nach dem Einzelleistungsprinzips, das im Kapitel der Mittelverwendung näher vorgestellt wird. Die Leistungserbringer decken ihre Ausgaben jedoch nicht nur aus den Zahlungen der Versicherungsträger, sondern auch aus den Selbstbeteiligungen (patient Co-payment) der Versicherten, die einen Anteil von 11,7 Prozent der gesamten Gesundheitsausgaben ausmachen.

Nachdem der Finanzierungsfluss zwischen den Versicherten, Versicherungsträgern, Leistungserbringern und dem Staat grob dargestellt wurde, soll nun auf die drei Haupteinnahmequellen (Beitragssätze, Subventionen, Zuzahlungen) des Gesundheitssystems näher eingegangen werden:

4.1.1 Beitragssätze

Die Kosten der Krankenversicherung werden durch die Versicherungsbeiträge ihrer Mitglieder und die Steuermittel gedeckt. Der Beitragssatz wird vom Wohlfahrtsminister festgelegt und liegt aktuell zwischen 6,6 und 9,1 Prozent.[36] So lag der Beitragssatz der regierungsverwalteten Krankenkasse 2003 bei 8,5 Prozent, bei den genossenschaftlich verwalteten Krankenkassen[37] Ende März 2002 bei 8,591 Prozent. Die Beiträge werden zudem je zur Hälfte vom Arbeitgeber und -nehmer getragen, wobei der Arbeitnehmeranteil jedoch nicht 4,5 Prozentpunkte überschreiten darf. Im Gegensatz dazu kann der Arbeitgeberanteil erhöht werden, sobald eine entsprechende Regelung in der Unternehmenssatzung verankert ist. So lag der durchschnittliche Arbeitgeberanteil Ende März 2002 bei 4,814 Prozent, der Arbeitnehmeranteil hingegen bei 3,778 Prozent. Nach dem Kindererziehungsurlaubsgesetz sind Arbeitnehmer für die Zeit eines Kinderurlaubs von der Beitragszahlung beifreit. Dieser Zeitraum ist für maximal 12 Monate angesetzt und zählt ab dem Monat der Entbindung.[38]

Beamte und Angestellte zentralstaatlicher Einrichtungen sowie Beschäftigte staatlicher Unternehmen zahlen teilweise erheblich höhere Beiträge (5,1%-11,9%), da es sich hier um eine Versicherung auf der Grundlage des gegenseitigen Solidarprinzips (*Kyosai Kumiai*) handelt. Dasselbe trifft für kommunale Bedienstete zu. Die Beitragssätze schwanken hier zwischen 7,6 und 12,4 Prozentpunkten. Lehrer und Beschäftige an

---

[36] (vgl. Kemporen, 2003, S. 7)

[37] Hier ist ein Beitragssatz zwischen 3 und 9,5 Prozent festzulegen.

[38] (vgl. Kremporen, 2003, S. 7)

Privatschulen werden gesondert versichert, die Arbeitgeber- und Arbeitnehmeranteile liegen hier jeweils bei 3,6 Prozent.[39]

Im Bereich der Nationalen Krankenversicherung beteiligt sich der Staat mit 50 Prozent am Kostenaufwand der kommunal angesiedelten Versicherungen und mit 32 bis 52 Prozent am Kostenaufwand der verbandsorientierten Versicherungsträger. Selbständigen, Freiberuflern und Landwirten werden 70 Prozent und Ruheständlern 80 Prozent der Kosten einer medizinischen Behandlung zurückerstattet. Mitversicherte Familienangehörige erhalten ebenso eine Kostenrückerstattung von 70 Prozent.[40]

4.1.2   Staatliche Subventionen

Neben der staatlichen Kostenübernahme der gesamten Verwaltungskosten der regierungsverwalteten Krankenkassen, subventioniert der Staat 16,4 bis 20 Prozent der entstandenen Kosten für die Leistungen ärztlicher Behandlungen, Verpflegungskosten stationärer Behandlungen, Sonderbehandlungskosten, Kosten der Krankenpflege, Kosten der häuslichen Krankenpflege, Kosten der Krankenbehandlung und häuslicher Pflege von Familienangehörigen, hohe Behandlungsosten, Transportkosten, Krankengeld, Mutterschaftsgeld sowie die Transportkosten von Familienangehörigen. Ebenso subventioniert der Staat einen gesetzlich festgelegten Satz zur Kostenbeteiligung am Gesundheitswesen der älteren Menschen. Dieser Prozentsatz liegt derzeitig bei 16,4 Prozent.[41]

Weiterhin übernimmt der Staat einen Teil der Verwaltungskosten der genossenschaftlich verwalteten Krankenkassen und finanziert einen Teil der Leistungsausgaben jener Krankenkassen, deren Finanzlage sich als äußerst prekär erweist.

Im Jahr 1996 übernahm der Staat Kosten in Höhe von 5.635 Mrd. Yen.[42] Dies entspricht nach aktuellem Umrechnungskurs[43] einem Wert von 43,4 Mrd. Euro (~ 53 Mrd. US$).

Differenziert nach den jeweiligen Krankenkassen, so geht aus Tabelle 4 hervor, dass die staatlichen Subventionen bei den öffentlich verwalteten bzw. regierungsverwalteten

---

[39] (vgl. Wallraf, 2000, S. 21)

[40] (vgl. Wallraf, 2000, S. 21)

[41] (vgl. Kemporen, 2003, S. 7)

[42] (vgl. Kemporen, 2003, S. 8)

[43] [Stand: 18.01.2004: www.faz.net, 1Yen = 0,0077€, 1Yen = 0,0094 US$)]

Krankenkassen wie auch bei den Ortskrankenkassen bzw. Nationalen Krankenkassen eine größere Rolle spielen.

Tabelle 4: Einnahmen nach Kassenarten von 1970 bis 2001 in Prozent

	1970			1980			1990			2000			2001		
	RK*	GK**	NK***	RK	GK	NK	RK	GK	NK	RK	GK	NK	RK	GK	NK
Beiträge	70,6	89,2	33,9	66,0	91,0	33,9	65,4	88,6	37,5	86,7	90,8	37,1	86,3	88,8	35,7
Staatssubvention	4,0	0,3	56,7	14,2	0,2	57,5	12,7	1,2	44,	13,1	0,9	34,9	13,4	1,2	35,2

(* regierungsverwaltete Krankenkassen; ** genossenschaftlich verwaltete Krankenkasse; *** Nationale Krankenkasse)
Quelle: Kemporen, 2003, S. 57f. (umgewandelt)

4.1.3 Zuzahlungen

Versicherte ab 3 bis 70 Jahren haben in Japan bei praktisch allen medizinischen Leistungen einen festen Prozentsatz zu entrichten. Die Zuzahlung beträgt bei Mitgliedern i.d.R. 30 Prozent, bei Familienangehörigen 30 Prozent. Selbständige zahlen ebenfalls 30 Prozent zu. Diese Zuzahlungen gelten auch bei den Arzneimitteln (vgl. Tabelle 5).

Grundsätzlich sind Zuzahlungen gesetzlich nur bis zu einer festen Obergrenze pro Monat zu bezahlen. Der maximale Beitrag liegt bei 63.000 Yen (~485,10 Euro), bei Niedriglohnempfängern hingegen bei 35.400 Yen (~272,58 Euro) und bei Sozialhilfeempfängern bei 21.000 Yen (~161,70 Euro). Darüber hinaus gibt es für langfristige und kostspielige Behandlungen zwei Sonderregelungen. Es existiert einerseits eine Liste mit 40 Krankheiten (z.B. Hämophilie und chronische Nierenfunktionsstörungen), bei denen die Selbstbeteiligung unter Zustimmung der Krankenkasse auf 10.000 Yen pro Monat beschränkt werden kann. Wird eine Behandlungsdauer von drei Monaten überschritten, so wird die Selbstbeteiligung ab dem vierten Monat gekürzt. Allerdings bleibt auch hier eine Restselbstbeteiligung bestehen.[44]

---

[44] (vgl. Schneider et al., 1995, S. 321)

Tabelle 5: Überblick über die Selbstbeteiligungsformen in der sozialen Krankenversicherung

Leistungsart	Formen der Kostenbeteiligung
ärztliche Behandlung	Arbeitnehmer, Familienangehörige (zwischen 3 und 70 Jahre) und Selbständige 30%, Familienangehörige bis zur Vollendung des 3. Lebensjahres 20% Rentner ab 70 Jahre 10% (Bessergestellte 20%)
Arzneimittel	stationär wie ärztliche Behandlung, ambulante Versorgung – keine Zuzahlung von Jugendlichen (seit April 2003) und älteren Menschen ab 70 Jahre (seit Oktober 2002) Positivliste
Heilmittel	Leistungen in Krankenhäusern und Kliniken unterliegen derselben Selbstbeteiligung wie ärztliche Behandlung
Hilfsmittel	Abgabe nur an Personen mit ernsthaften Behinderungen
Zahnbehandlung	wie ärztliche Behandlung
Zahnersatz	wie ärztliche Behandlung, jedoch keine Implantate und Goldinlays
Krankenhaus	wie ärztliche Behandlung, jedoch zusätzliche Beteiligung an den Verpflegungskosten Rentner (700 Yen (~ 5,39 Euro) pro Tag plus Verpflegungsgebühr)
Fahrkosten	in Notfällen oder bei außergewöhnlichen Umständen
Härtefallregelung	Maximale Zuzahlung für alle Leistungen 63.000 Yen/Monat (~485,10 Euro/Monat), für Personen mit geringen Einkommen maximale Zuzahlung 35.400 Yen/Monat (~272,58 Euro/Monat).

Quelle: Koseisho, eigene Zusammenstellungen. In: Schneider et al., 1995, S. 321, (aktualisiert mit Daten aus Kemporen, 2003, S. 45-56, 69-70)

Um einen Krankenhausplatz zu erhalten oder von bestimmten Ärzten operiert zu werden, gibt es neben der gesetzlichen Selbstbeteiligung auch noch eine informelle Zuzahlung in Japan. Allerdings liegen zu diesen nicht gesetzlichen Zuzahlungen keine Schätzungen vor, die Beiträge dürften im Einzelfall jedoch erheblich sein.[45]

---

[45] (vgl. Schneider et al., 1995, S. 322)

4.1.4   Finanzierung des medizinischen Versorgungssystems für Rentner

Die Finanzierung dieses Systems erfolgt durch Subventionen zur Erstattung anfallender medizinischer Kosten, die sich aus den Beiträgen der versicherten Rentner und deren Familienangehörigen und der Kostenbeteiligung der Arbeitnehmerkrankenversicherung erstrecken. Der Teil der medizinischen Kosten, der durch die Versichertenbeiträge nicht gedeckt werden kann, wird durch die Träger der Arbeitnehmerversicherung entsprechend ihrer Finanzkraft getragen (vgl. Abb.3). Der zugeteilte Betrag der ungedeckten medizinischen Kosten geht hierbei als Subvention an die Kommunalverwaltungen. Das bedeutet, das der Zahlungsfonds zur Abrechnung der ärztlichen Vergütung der Sozialversicherung von den Trägern der Arbeitnehmerkrankenversicherung jährlich Beiträge (Kostenbeteiligung an den Subventionen) bezieht, um die Kosten bzw. die Subventionsfinanzierung zu decken. Abschließend sei zu bemerken, dass der Beitragssatz der Rentner mit dem der sonstigen Mitglieder der nationalen Krankenversicherung identisch ist.[46]

4.1.5   Finanzierung des Krankenpflege- und medizinisches Versorgungssystems für ältere Menschen

Die Kosten für die medizinische Versorgung älterer Menschen wird in diesem System gemeinsam durch alle Beteiligten getragen, d.h. abzüglich der Selbstbeteiligung der Patienten werden die Kosten durch die öffentlichen Kassen und die Finanzierungsbeiträge aller Krankenversicherungsträger zusammengetragen. Der Anteil an den Behandlungskosten abzüglich der Selbstbeteiligung beträgt 50 Prozent. Die restlichen 50 Prozent werden durch öffentliche Finanzmittel aufgebracht. Von diesen übernimmt der Staat zwei Drittel des den öffentlichen Kassen zustehenden Anteils, die Präfekturen und Gemeinden jeweils ein Sechstel (siehe Abb.7).

Mit der Änderung der Krankenversicherungsgesetze von 2002 wird der Beteiligungssatz öffentlicher Kassen von Oktober 2002 bis Oktober 2006 stufenweise von 30 Prozent auf 60 Prozent angehoben. Die restlichen Kosten werden nach dieser Gesetzesänderung von den Versicherungsträgern gemeinsam getragen.[47]

---

[46] (vgl. Kemporen, 2003, S. S. 18f.)

[47] (vgl. Kemporen, 2003, S. 21)

Abbildung 7: Überblick über die Teilung der medizinischen Kosten im Krankenpflege- und medizinischem Versorgungssystem für die Älteren

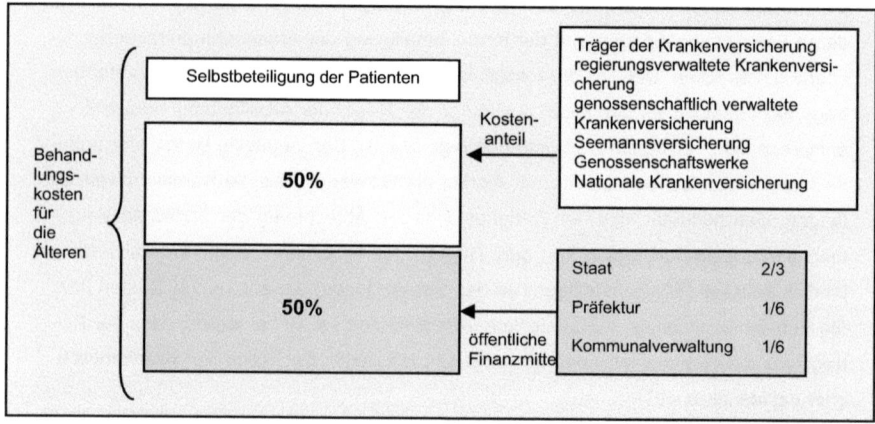

Quelle: Kemporen, 2003, S. 22

Der Selbstbeteiligungsanteil medizinischer Leistungen liegt bei 10 Prozent, für besser-gestellte Versicherte 20 Prozent. Überschreiten die Selbstbeteiligungskosten die Belas-tungsobergrenze, so werden dem Patienten die Mehrkosten rückerstattet.[48]

4.2 Finanzierung der Pflegeversicherung

Die Mittelaufbringung der Pflegeversicherung erfolgt durch Beiträge und öffentliche Mittel. Die Beitragshöhe Versicherter über 65 Jahren wird je nach Einkommensniveau durch die jeweilige Gemeinde bestimmt. Überschreitet die Rente ein festgelegtes Ni-veau, werden die Beträge bei der Rentenauszahlung direkt abgezogen. Ist dies nicht der Fall, müssen die Beiträge an die Gemeinde persönlich entrichtet werden. Versi-cherte zwischen 40 und 64 Jahren haben aufgrund des gleichen Bemessungsverfah-rens wie bei der Krankenversicherung festgelegte Beiträge zu zahlen, die durch die Krankenkasse zusammen mit den Krankenversicherungsbeiträgen einbehalten wer-den.

---

[48] (vgl. Kemporen, 2003, S. 24)

Zuzüglich der Beitragssätze entfällt auf die Leistungsbezieher eine Selbstbeteiligung von 10 Prozent. Der Rest wird je zur Hälfte durch die öffentliche Kasse und Beiträge der Versicherten gedeckt. Die öffentliche Kasse ist zu 25 Prozent verstaatlicht und zu 12,5 Prozent je den Präfekturen und Gemeinden zuzuordnen.[49]

Der Aufbau der gesetzlichen Pflegeversicherung wird in Abbildung 8 veranschaulicht.

Abbildung 8: Aufbau der gesetzlichen Pflegeversicherung:

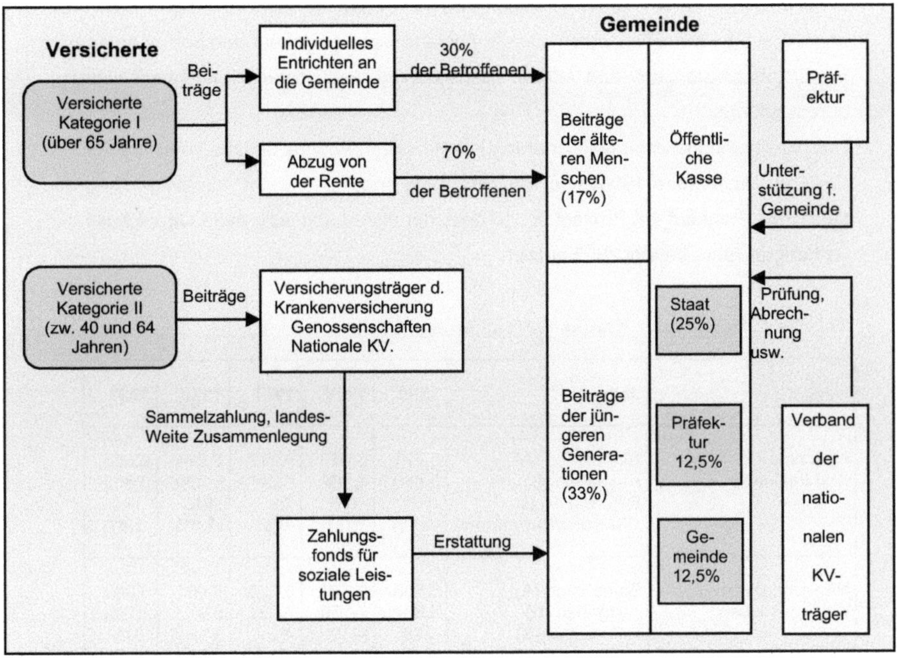

Quelle: Kemporen, 2003, S. 49

---

[49] (vgl. Kemporen, 2003, S. 49)

4.3 Fazit

In seiner Gesamtheit weist das japanische Gesundheitssystem ein ernsthaftes finanzielles Problem auf. So stiegen beispielsweise in den letzten Jahren die Aufwendungen der Versicherungsträger schneller an, als die Staatseinnahmen aus den Versicherungseinnahmen, woraus sich wiederum finanzielle Defizite der jeweiligen Versicherer ergeben. Die Nationale Krankenversicherung wies im Jahr 1999 ein Defizit von 1,8 Prozentpunkten ihrer Gesamtausgaben auf, von denen mehr als 60 Prozent der Versicherungsträger betroffen waren. Dieser Zustand war bzw. ist auf den hohen Anteil von Niedriglohnempfängern und älteren Menschen der nationalen Krankenversicherung zurückzuführen.

Die Arbeitnehmerkrankenversicherung konnte seit 1993 ihre Defizite kontinuierlich reduzieren (Ausnahme 1996) und erreichte 1998 sogar 0 Prozent. Allerdings stieg die Defizitrate 1999 auf 4,4 Prozent an, so dass der bisher angesammelte Überschuss der vorherigen Jahre bereits 2002 auslief.

Tabelle 6: Defizite der Krankenversicherungen

	Jahr	1995	1996	1997	1998	1999
Nationale Krankenkasse	Einnahmen (A)	5,771	6,049	6,217	6,294	6,685
	Ausgaben (B)	5,880	6,164	6,247	6,396	6,805
	Differenz (A-B)	-109	-115	-29	-102	-121
	Differenz/Einnahmen	**-1,9%**	**-1,9%**	**-0,5%**	**-1,6%**	**-1,8%**
Regierungsverwaltete Krankenkassen	Einnahmen (A)	6,608	6,751	6,926	6,981	6,909
	Ausgaben (B)	6,887	7,170	7,021	6,977	7,225
	Differenz (A-B)	-278	-419	-95	3	-316
	Differenz/Einnahmen	**-4,0%**	**-5,8%**	**-1,4%**	**0,0%**	**-4,4%**
Privatverwaltet Betriebskrankenkasse	Einnahmen (A)	5,506	5,626	5,925	5,958	5,874
	Ausgaben (B)	5,629	5,823	5,927	5,918	6,078
	Differenz (A-B)	-122	-198	-2	41	-203
	Differenz/Einnahmen	**-2,2%**	**-3,4%**	**0,0%**	**0,7%**	**-3,3%**

Quelle: Ministry of Health, Labour and Welfare. In: OECD, 2001, S. 28

Die privatverwalteten (bzw. genossenschaftlich verwalteten) Betriebskrankenkassen erwirtschafteten 1999 ein Defizit von 3,3 Prozentpunkten ihrer Gesamtaufwendungen,

so dass in demselben Jahr über 70 Prozent von ihnen eine defizitäre Finanzlage be-
klagten.[50]

In diesem Zusammenhang veranschaulicht Tabelle 6 die Einnahmen, Ausgaben und
Defizite der Versicherungsträger.

5 Leistungserbringung und Inanspruchnahme im Gesundheitswesen

In diesem Kapitel gilt es nun die Leistungserbringer, also die Versorgungseinrichtun-
gen, in ihrer Anzahl, Organisation und Struktur sowie die dabei eingesetzten Ressour-
cen aufzuzeigen. So zählen Ärzte, Krankenhäuser, Apotheken und Pflegekräfte zu den
vorwiegenden Beschäftigten in der medizinischen Versorgung. Tabelle 7 veranschaulicht in diesem Zusammenhang die Verteilung der Beschäftigten und gibt ihren Anteil
auf 10.000 Einwohner wieder.

**Tabelle 7: Zahl der Beschäftigten in der medizinischen Versorgung und ihr Anteil
auf 10.000 Bewohner (1970 – 2000)**

	1970	1980	1990	2000
Ärzte	118.990	156.235	211.797	255.792
Beschäftigte in Krankenanstalten	113.214	148.815	203.797	243.201
Sonstige	5.776	7.420	8.000	12.591
Zahnärzte	37.859	53.602	74.028	90.857
Beschäftigte in Krankenanstalten	36.468	51.597	72.087	88.410
Sonstige	1.391	2.005	1.941	2.447
Apotheker	79.393	116.056	150.627	217.477
Beschäftigte in Kranken- anstalten/Apotheken	42.308	63.765	90.025	142.910
Sonstige	37.085	52.291	60.602	74.567
KrankenpflegerInnen (incl. außerordentliche	273.572	487.169	745.301	1.042.468

---

[50] (vgl. OECD, 2001, S. 28)

Krankenschwestern)				
GesundheitsberaterInnen	14.007	17.957	25.303	36.781
Zahnhygieniker	28.087	25.867	22.918	24.511
Geburtshelferinnen	5.804	22.008	40.932	67.376
Zahntechniker	8.722	20.501	32.433	37.244
Sonstige Therapeuten	137.813	185.463	234.833	269.315

Zahl der Beschäftigten in der medizinischen Versorgung für 10.000 Bewohner

Beschäftigte	1970	1980	1990	2000
Ärzte	11,47	13,35	17,13	20,15
Zahnärzte	3,65	4,58	5,99	7,16
Apotheker	7,65	9,91	12,19	17,13
KrankenpflegerInnen (incl. außerordentliche Krankenschwestern)	26,36	41,62	60,29	82,14
Gesundheitsberaterin	1,35	1,53	2,05	2,90
Geburtshelferin	2,71	2,21	1,85	1,93

Quelle: „Untersuchung über Ärzte, Zahnärzte und Apotheker, Geschäftsbericht für Gesundheitspflege", durch die Unterabteilung für Statistik und Information des Ministeriums für Arbeit, Gesundheit und Wohlfahrt.

Quelle: Kemporen, 2003, S. 61

5.1 Ärzte

Im Vergleich mit anderen Industriestaaten ist die Versorgungslage der Bevölkerung mit Ärzten sehr schwach[51]. So entfielen 1999 1,9 Ärzte auf 1000 Menschen. Innerhalb der OECD-Länder stellt diese Rate eine der niedrigsten dar, bei einem Durchschnitt von 2,9 Ärzten (vgl. Abbildung 9). Nur Japan und Großbritannien wiesen weniger als 2 Ärzte pro 1000 Kopf auf – mit Ausnahme der Niedriglohnländer.[52] Das japanische Ministerium für Gesundheit sieht diese Versorgungssituation jedoch als Überversorgung an.

---

[51] (vgl. Grothe, 1997, S. 20)

[52] (vgl. OECD, 2001, S. 33)

Die Versorgung mit 0,6 Zahnärzten je 1000 Einwohner wird als zufriedenstellend ein-
geschätzt. Problematisch erweist sich die sehr ungleiche Verteilung der medizinischen
Einrichtungen sowie des Personals. Das bedeutet, dass in abgelegenen ländlichen
Gebieten eine Unterversorgung herrscht, in den Ballungsgebieten vielmehr eine Überversorgung.[53]

In Japan werden 5 Kategorien von Ärzten unterschieden: (1) Ärzte mit eigenen Kliniken, (2) Ärzte, die in Kliniken angestellt sind, (3) Ärzten mit eigenen Krankenhäusern,
(4) Ärzte, die in Krankenhäusern angestellt sind und (5) sonstige. Ärzte, die Kliniken
oder Krankenhäuser besitzen werden *kaigyoi* genannt, nichtselbständige Ärzte hingegen *kinmui*. So zählte Japan 1990 58.213 Ärzte, die Kliniken besitzen, 2.936 Ärzte, die
Krankenhäuser besitzen, 16.819 angestellte Ärzte in Kliniken, 125.829 angestellte Ärzte in Krankenhäusern und 8000, die der Kategorie „sonstige" zuzuordnen waren[54] (siehe Tabelle 8).

---

[53] (vgl. Grothe, 1997, S. 21)
[54] (vgl. Yoshikawa et al., 1999, S. 27)

Abbildung 9: Anzahl praktizierender Ärzte* auf 1000 Menschen (1990)

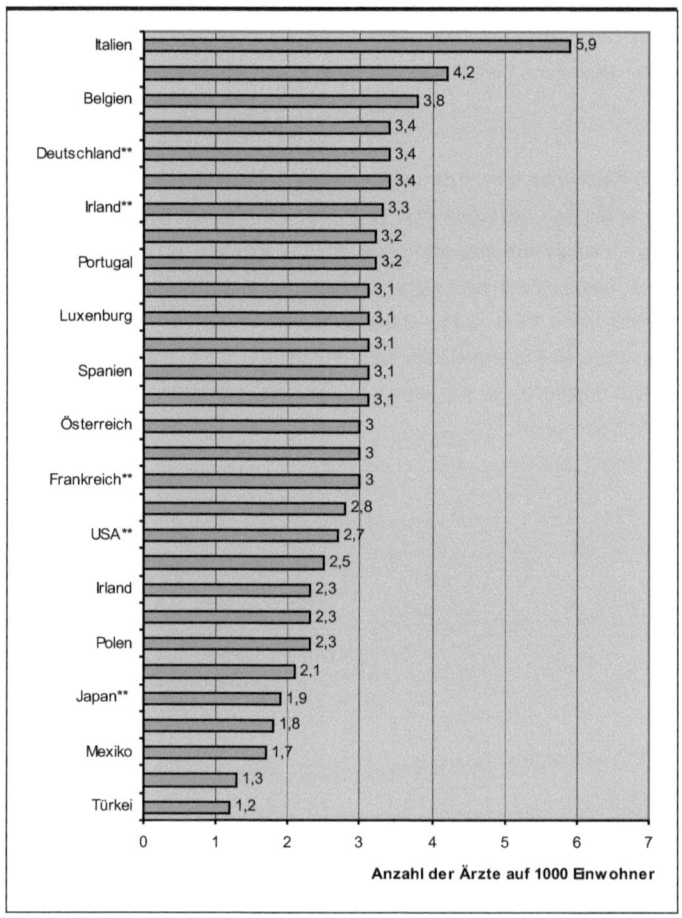

(Quelle: OECD Health Data 2001
*Data for Finland, Italy and Spain are physicans entitled to practice
**Data are for 1998)

Quelle: OECD, 2001, S. 33

Tabelle 8: Anzahl der Ärzte nach ihrem Arbeitsverhältnis

Arbeitsverhältnis	1960	Anteil	1990	Anteil
Kaigyo-i				
Ärzte, die Krankenhäuser besitzen	2.302	2,4%	2.936	1.4%
Ärzte, die Kliniken besitzen	42.340	44,8%	58.213	27,5%
Kinmu-i				
Ärzte, die in Krankenhäusern, Kliniken,	41.702	44,1%	142.648	67,4%
Universitätskrankenhäusern beschäftigt sind				
Andere (Ärzte lokaler Gesundheitscenter)	8.319	8,7%	8.000	3,8%
Total	94.563	100%	211.797	100%

Quelle: Ministry of Health and Welfare (1990), *Ishi, Shika, Ishi Yakuzaishi Chosa.*

Quelle: Yoshikawa et al., 1999, S. 27

In diesem Zusammenhang gibt Tabelle 9 einen Überblick über die Verteilung beruftätiger Ärzte in Japan entsprechend ihrer Fachrichtungen und ihres Geschlechts. Aus dieser geht augenscheinlich hervor, dass der Arztberuf mit einem Verhältnis von ca. 9:1 überwiegend den Männern vorbehalten zu sein scheint.

Tabelle 9: Berufstätige Ärzte nach Fachrichtung und Geschlecht, 1990

	Insgesamt	Männer	Frauen
Innere Medizin	87.012	77.630	9.382
Fachrichtung Atmungssystem	9.594	8.924	666
Fachrichtung Verdauungssystem	23.282	22.138	1.144
Fachrichtung Kreislaufsystem	14.903	13.934	969
Kinderärzte	34.603	28.956	5.64
Psychiatrie	9.347	8.129	1.218
Nervenärzte	6.719	5.929	790
Neurologie	3.675	3.269	406
Chirurgie	33.497	32.919	578
Plastische Chirurgie	1.586	1.434	152
Kosmetische Chirurgie	264	247	17
Neurochirurgie	5.269	5.169	100
Chirurgie des Atmungssystems	1.023	1.010	13
Herzchirurgie	1.802	1782	20
Kinderchirurgie	1.077	988	89
Gefäßchirurgie	1.533	1430	103
Orthopädie	19.576	19.207	369
Gynäkologie & Geburtshilfe	15.459	13.622	1.837
Dermatologie	13.205	11.266	1.939
Urologie	7.776	7.620	156

Physikalische Therapie	9.801	9.375	426
Radiologie	12.283	11.463	820
Anästhesie	5.949	5.055	894
Sonstige	24.358	19.554	4804
Insgesamt	203.797	180.809	22.988

Tabelle enthält kumulierte Werte zu verschiedenen Fachrichtungen.
Quelle: Koseisho 1994.

Quelle: Schneider et al., 1995, S. 326

5.2 Krankenhäuser

In Japan werden medizinische Einrichtungen als Krankenhäuser definiert, die mehr als 20 Betten vorweisen. Medizinische Einrichten mit weniger als 20 Betten werden als Kliniken bezeichnet. Im Vergleich zu anderen industrialisierten Ländern, ist die Bettenanzahl in Krankenhäusern in Japan besonders hoch. Währenddessen Amerika beispielsweise 1990 1.188.168 Betten in 6.343 Krankenhäusern aufwies, waren es in Japan 1.676.803 Betten verteilt auf 10.096 Krankenhäuser. Diese Differenz wird umso größer, wenn man bedenkt, dass Japan die Hälfte der Bevölkerung von Amerika aufweist. Im Vergleich zu den OECD-Ländern zeigte Japan 1990 mit 15,8 Betten auf 1000 Einwohner zudem die zweithöchste Bettenanzahl stationärer Einrichtungen auf – die Kapazität erhöhte sich bis 1998 bis auf knapp 17 Betten. Amerika verzeichnete im Gegensatz dazu 4,7 Betten, Frankreich 9,7, Deutschland 10,3 und Großbritannien 5,9. So ist aus OECD-Daten ein stetiger Anstieg der Bettenanzahl stationärer Einrichtungen erkennbar. Seit 1962 liegt die Bettenanzahl Japans über dem OECD-Durchschnitt. Allerdings sei hierbei zu beachten, dass internationale Definitionsunterschiede dahingehend bestehen, was unter Krankenhäusern oder Krankenhausbetten zu verstehen ist. So werden in Japan beispielsweise Krankenhausbetten auch zur geriatrischen Langzeitpflege verwendet. Allein diese Tatsache erschwert einen akkuraten Ländervergleich bezüglich der Bettenanzahl. [55]

---

[55] (vgl. Yoshikawa et al., 1999, S. 29f.)

Die Kategorisierung medizinsicher Einrichtungen nach ihrer Bettenkapazität beruht noch auf dem „Gesetz zur medizinischen Versorgung", das im Jahr 1948 verabschiedet wurde – eine Zeit, in der die Behandlung akuter und infektiöser Krankheiten im Vordergrund stand. Allerdings hat sich seither ein Wandel der Krankheitsbilder und Therapiemethoden (hochgradig technologisierte Methoden) vollzogen, so dass die Behandlung chronischer Krankheiten und die Versorgung alter Menschen heute im Vordergrund stehen. Dies führte dazu, dass bis Ende der 80er Jahre eine entsprechende Strukturierung der medizinischen Einrichtungen fehlte. Zu einem der Strukturmängel zählte u.a. die gemeinsame Unterbringung von Langzeit- und Kurzzeitpatienten in gleichen Krankenhäusern, gleichen Stationen und gleichen Zimmern. Die Aufenthaltsdauer im Krankenhaus lag 1990 durchschnittlich bei 38,1 Tagen. Fast 40 Prozent aller stationär Behandelten blieben länger als drei Monate im Krankenhaus.

Im Jahr 1992 wurde schließlich dem sich vollzogenen Wandel Rechnung getragen und die „Änderung des Gesetzes zur medizinischen Versorgung" eingeführt. Diese Gesetzesänderung nahm eine Kategorisierung der Krankenhäuser nach qualitativen Gesichtspunkten vor. Das wichtigste Kriterium stellte hierbei die Unterscheidung zwischen akuten und chronischen Erkrankungen dar. Während die Behandlung akuter Erkrankungen weiterhin in Praxen und allgemeinen Krankenhäusern durchgeführt werden, sollen chronische Erkrankungen in zwei neu eingeführten Kategorien medizinischer Einrichtungen behandelt werden:

(1) Krankenhäuser, die zur „Gruppe von Einrichtungen für die Langzeitpflege" gehören und

(2) „Gesundheitseinrichtungen für alte Menschen"

Letztere bieten alten Menschen eine medizinische und pflegerische Behandlung mit dem Schwerpunkt der Rehabilitation an. [56]

Ein weiteres Kriterium der Kategorisierung der Krankenhäuser stellt die Unterscheidung nach modernster, hochgradig technologisierte Medizin und übriger Medizin dar. Erstere soll in „Krankenhäusern bestimmter Funktion" angeboten werden. Hierbei handelt es sich um Großkliniken mit mehr als 500 Betten, mindestens 10 Fachabteilungen, Forschungstätigkeiten und Einrichtungen für die Behandlung mit modernen Technologien. Zu dieser Kategorie zählen landesweit 80 bis 90 Einrichtungen wie zum Beispiel staatliche Krankenhäuser, Universitätskliniken oder Krebsforschungszentren. Nach der

---

[56] (vgl. Grothe, 1997, S. 43)

Gesetzesänderung von 1992 sollen die Patienten von den allgemeinen Krankenhäusern in diese Spezialkliniken überwiesen anstatt direkt aufgenommen zu werden. Auf diese Weise soll der Zugang zu der „kostspieligen" Medizin durch das Überweisungssystem kontrolliert werden.[57]

Die Gesamtheit aller Krankenhäuser Japans kann darüber hinaus nach den Eigentümerverhältnissen differenziert werden. Auch wenn es unterschiedliche Eigentumsverhältnisse gibt, so werden die Krankenhäuser nur in zwei Gruppen unterschieden: den privaten und öffentlichen Sektor. Innerhalb des japanischen Krankenhauswesens dominieren jedoch die privaten Besitzverhältnisse. So machten 1990 privatisierte Krankenhäuser 80 Prozent des gesamten Krankenhausmarktes aus sowie 70 Prozent aller Betten. Tabelle 10 veranschaulicht die Anzahl der Krankenhäuser klassifiziert nach ihren Eigentumsverhältnissen.[58]

Tabelle 10: Anzahl der Krankenhäuser und Betten klassifiziert nach ihren Eigentumsverhältnissen (1990)

Eigentumsverhältnisse	alle Krankenhäuser	Betten	allgemeine Krankenhäuser	Betten
Öffentlich				
Staat	399	158.746	154	79.434
Land	1.079	248.892	394	155.386
Versicherungsträger	136	39.080	85	30.342
andere öffentliche	292	99.334	173	78.058
Privat				
Iryo-Hojin	4.245	656.348	118	38.607
Individuell	3.081	263.304	7	1.905
andere private	864	211.099	199	98.250
Gesamtheit	10.096	1.676.803	1.130	481.982

die allgemeinen Krankenhäuser sind in der Kategorie „alle Krankenhäuser" mitenthalten
Quelle: Yoshikawa et al., 1999, S. 31

Öffentliche Krankenhäuser werden durch vier verschiedene Eigentümer getragen: (1) Staat (National Government), (2) Land (Regional Government), (3) Versicherungsträger (Insurance association) und (4) anderen öffentlichen Einrichtungen. Einige der

---

[57] (vgl. Grothe, 1997, S. 44)
[58] (vgl. Yoshikawa et al., 1999, S. 30f.)

staatlichen Krankenhäuser stellen spezialisierte Einrichtungen dar, die ihren Fokus auf die Forschung und die Behandlung besonderer Krankheiten gelegt haben. Krankenhäuser, die der Landesregierung unterstehen werden durch Präfekturen und Gemeinden betrieben. Unterstehen Krankenhäuser dem Land, werden sie in einigen Fällen durch private Vertragspartner geleitet und verwaltet. Neben den Regierungsunterstellten Krankenhäusern gibt es eine Vielzahl öffentlicher Organisationen, denen Krankenhäuser unterstehen und deren Unternehmensziel sich nicht am Profit der Institution ausrichtet. Es handelt sich um öffentliche Nonprofit-Kranken-häuser (public not-for-profit (NFP). Hierzu zählen philantrophische Krankenhäuser und 136 Krankenhäuser, die Versicherungsträgern (*Kokuho*) unterstehen.

Privatisierte Krankenhäuser können in vier Gruppen unterteilt werden: (1) solche, die Versicherungsträgern unterstehen, (2) *iryo-hojin* Krankenhäuser, (3) individuelle Ärzten unterstehende Krankenhäuser und (4) andere. Die *iryo-hojin* Krankenhäuser stellen die am meisten vorzufindende privatisierte Krankenhauseinrichtung Japans dar. Diesen Einrichtungen kommt ein spezialer legaler Status einer auf nicht Profit ausgerichteten Vereinigung des medizinischen Sektors zu.[59]

5.3 KrankenpflegerInnen und Apotheken

Neben der knappen Versorgungslage Japans mit Ärzten, herrscht seit einigen Jahren ein akuter Mangel an Pflegepersonal. Bis zu den 80er Jahren litt Japan unter einem Mangel an Pflegekräften, so dass der dringende Bedarf nach einem schnellen Anstieg dieser bis zu den 90er Jahren bestand. Aus diesem Grund war man bestrebt, die Wiedereinstellung von Schwestern zu fördern, die ihren Beruf aufgegeben hatten. Zwischen 1960 und den späten 90er Jahren konnte ein kontinuierlicher Anstieg der Pflegekräfte um 3,5 Prozentpunkten verzeichnet werden[60]. Die Wachstumsrate der OECD belief sich innerhalb dieser Periode auf 2,2 Prozent. So kamen 1998 auf 1000 Menschen 7,8 zertifizierte Pflegekräfte. Auch wenn Japan damit minimal über dem OECD Durchschnitt von 7,3 liegt (siehe Tab.11)[61], muss die Versorgungslage Japans mit Pflegepersonal sehr niedrig eingestuft werden. Der Mangel sollte bis 2000 behoben sein. Allerdings erfolgten keine Änderungen der zu hohen Arbeitsbelastungen und der zu

---

[59] (vgl. Yoshikawa et al., 1999, S. 31)

[60] (vgl. Grothe, 1997, S. 21)

[61] (vgl. OECD, 2001, S. 35)

zu niedrigen Löhne – eine der grundlegenden und damit wichtigsten Ursachen für den Anstieg vieler Krankenpfleger.[62]

Tabelle 11: Entwicklung praktizierender zertifizierter Pflegekräfte pro 1000 Einwohner, 1960 – 1999

Land	Anzahl der Pflegekräfte auf 1000 Einwohner				jährliche Wachstums-rate* (1980 - späte 90er)
	1960	1970	1980	später 1990er	
Australien	6,1	4,3	7,1	8,1	0,8%
Österreich	2,5	3,4	5,4	9,0	2,7%
Kanada		4,9	6,3	7,5	0,9%
Tschechei			6,7	8,2	1,1%
Dänemark			5,1	7,3	1,9%
Finnland	2,6	6,0	8,3	14,4	2,9%
Frankreich		3,0	4,6	6,0	1,6%
Deutschland	1,7	2,4	6,2	9,6	2,5%
Griechenland		1,8	2,4	3,6	2,4%
Ungarn	1,7	2,7	3,7	5,0	1,6%
Irland	2,4	4,9	9,6	13,8	2,2%
Italien	1,1	2,1	4,1	4,6	0,6%
Japan	**2,0**	**2,6**	**4,2**	**7,8**	**3,5%**
Mexiko			0,3	1,2	7,6%
Neuseeland			6,1	9,6	2,4%
Norwegen			9,3	14,9	3,0%
Polen	2,1	3,0	4,4	5,1	0,8%
Portugal	0,7	1,5	2,3	3,8	2,8%
Spanien	0,9	0,8	3,3	3,6	0,5%
Schweden	3,1	4,3	7,0	10,2	2,5%
Türkei		0,2	0,6	1,1	3,2%
Großbritannien	3,5	3,9	4,3	4,5	0,2%
USA	2,9	3,7	5,6	8,3	2,2%
Durchschnitt			5,1	7,3	2,2%
Quelle: OECD Health Data 2001 * 1960, 1970, 1980: data of the nearest year for a rew countries					

Quelle: OECD Health Data 2001. In OECD, 2001, S. 35

OECD-Daten zufolge kamen im Jahr 1998 auf 1000 Personen 1,0 Apotheken. Die Rate liegt demzufolge geringfügig über dem des OECD-Durchschnitts. Damit kamen auf einen praktizierenden Arzt 0,53 Apotheken – die höchste Rate innerhalb der OECD bei einem Durchschnitt von 0,26.[63]

Im Rahmen unserer Recherchen konnten wir leider keine genaueren Strukturen und Zahlen über die Apotheken in Japan in Erfahrung bringen.

---

[62] (vgl. Grothe, 1997, S. 21)

6 Mittelverwendung und Vergütung der Leistungserbringer

In diesem Abschnitt liegt der Fokus auf der Mittelverwendung und der Vergütung der Leistungserbringer. Es gilt zunächst kurz die Entwicklung der Gesundheitskosten darzulegen und darauf aufbauend die Systeme der Vergütung medizinischer Leistungen, der Medikamentenabgabe und Arzneimittelfreisetzung wie auch die Leistungsvergütung für die Versorgung alter Menschen vorzustellen:

6.1 Kostenentwicklung im Gesundheitswesen

Für die medizinische Versorgung wurden in Japan im Jahr 1995 insgesamt 26,7 Billionen Yen (~205,59 Mrd. Euro) ausgegeben, was einen Zuwachs von 1 Billion Yen (~7,7 Mrd. Euro) im Vergleich zum Vorjahr gleichkommt. Die Pro-Kopf-Ausgaben der japanischen Bevölkerung lagen 1992 beispielsweise bei 186.000 Yen (~1432,20 Euro). Den Aussagen der Tabelle 12 kann entnommen werden, dass in den 80er Jahren die Ausgaben für das Gesundheitswesen jährlich um ca. 0,5 bis 1 Billion Yen (~3,85 Mrd. – 7,7 Mrd. Euro) anstiegen. Somit lagen die Zuwachsraten zwischen 3,8 und 7,7 Prozent.[64]

Darüber hinaus geht aus Tabelle 12 hervor, dass der Anteil der Kosten für die medizinische Versorgung alter Menschen an den Gesamtkosten 1995 bereits bei 31,2 Prozentpunkten lag. Der Anteil der über 65 und über 75 Jährigen lag zu dieser Zeit bei ca. 20,2 Prozentpunkten. Prognosen zufolge wird sich dieser Wert bis zum Jahr 2025 verdoppeln (40,3%). Bei unveränderten Rahmenbedingungen lassen sich die Kosten nur erahnen. Aus diesem Grund wird das zunehmende Anwachsen der Kosten für die medizinische Versorgung alter Menschen als das dringendste Problem im japanischen Gesundheitswesen angesehen.[65]

---

[63] (vgl. OECD, 2001, S. 35)

[64] (vgl. Grothe, 1997, S. 29)

[65] (vgl. Grothe, 1997, S. 56)

Tabelle 12: Kostenanstieg in der medizinischen Versorgung

Jahr	Kosten für die medizinische Versorgung insgesamt (Billionen Yen)			Kosten für die Medizinische Versorgung alter Menschen (Billionen Yen)			Anteil der Kosten für die medizinische Versorgung alter Menschen an den Gesamtkosten (%)
	Yen	Euro (Mrd.)	Steigungs-rate (%)	Yen	Euro (Mrd.)	Steigungs-rate (%)	
1975	6,4779	49,8	20,4	0,86666	6,6	30,3	13,4
1980	11,9805	92,2	9,4	2,1269	16,3	14,9	17,8
1985	16,0159	123,3	6,1	4,0673	31,3	12,7	25,4
1990	20,6074	158,6	4,5	5,9269	45,6	6,6	28,8
1995	~26,7000	205,6	~3,9	~8,5000	65,4	~7,6	31,2

Quelle: Grothe, 1997, S. 30

Neben der demographischen Entwicklung Japans scheinen drei Systeme die bisherige Kostenentwicklung zu begünstigen. Hierzu zählen (1) das Vergütungssystem ärztlicher Leistungen, (2) das System der Medikamentenabgabe sowie (3) das System der medizinischen Versorgung alter Menschen.

6.2 System der Vergütung medizinischer Leistungen

Das ärztliche Vergütungssystem unterliegt sowohl im stationären[66] als auch im ambulanten Bereich dem Einzelleistungsprinzip[67], welches jedoch nur die Quantität der erbrachten medizinischen Leistungen berücksichtigt, weniger die Qualität. Diese Art der Vergütung führt schließlich dazu, dass Patienten einerseits zwar ausreichend betreut werden, andererseits aber auch finanzielle Missständen (z.B. Überversorgung, überflüssige diagnostische Prüfungen, übermäßig hohe oder rechtswidrige Abrechnungspraktiken) im Gesundheitssektor entstehen. Das ärztliche Vergütungssystem gehört von daher zu den Hauptfaktoren für die Kostenexplosion im Gesundheitswesen.[68]

---

[66] Hier wird die Einzelleistungsvergütung mit Elementen der Fallpauschale und der Pflegesätze kombiniert. (Andere Honorierungsmethoden werden u.a. in der Geriatrie angewandt, siehe 6.4.

[67] (vgl. Grothe, 1997, S. 36)

[68] (vgl. Kemporen, 2003, S. 41)

Im Rahmen der Einzelleistungsvergütung wird für jede einzelne medizinische Leistung eine bestimmte Anzahl von Punkten festgelegt, die nach dem Modus 1Punkt = 10Yen (~ 0,077 Euro) umgerechnet wird. Die Punktanzahl wird vom Minister für Gesundheit und Soziale nach Empfehlungen eines innerministeriellen Ausschusses festgesetzt. Die Punkte lassen sich in 3 Kategorien differenzieren: (1) die stationäre Unterbringung incl. erforderlicher Leistungen und Mahlzeiten, (2) alle medizinischen Leistungen (z.b. Injektionen, Anästhesie, Untersuchungen etc.), (3) alle unmittelbaren ärztlichen Tätigkeiten, die die Fähigkeiten und Kenntnisse des Arztes oder der Ärztin erfordern (z.b. Konsultationen, Behandlungen, Operationen etc.). In letzterem Fall werden den unterschiedlichen Behandlungsarten Punkte zugeordnet, die den durchschnittlichen Kosten einer solchen Behandlung entspricht. Hierbei fließt ebenso der Schwierigkeitsgrad der ärztlichen Handlung und die dafür notwendigen Fähigkeiten ein. Es handelt sich also nicht um eine reine Kostenentschädigung.

In ein bis zwei Jahresabständen werden die Honorare jedoch revidiert, wobei das Ausmaß der Honorarerhöhung nicht ausschließlich der Inflationsrate entspricht, sondern vielmehr durch Verhandlungen im innerministeriellem Ausschuss[69] (also durch die Stärke der einzelnen in diesem Gremium vertretenden Interessensorganisationen) bestimmt wird. [70] Allerdings sei anzumerken, dass aufgrund der angespannten wirtschaftlichen Rahmenbedingungen das ärztliche Vergütungssystem revidiert und der Lohn- und Preisentwicklung angepasst wurde. Die ärztliche Vergütung wurde damit erstmals in der Geschichte um real 1,3 Prozentpunkte gesenkt.[71]

Der Nachteil an dem System der Einzelleistungsvergütung besteht darin, dass es in seiner derzeitigen Form den Ärzten nicht die tatsächlich entstandenen Kosten erstattet, woraus betriebswirtschaftliche Probleme in Praxen und Krankenhäusern resultieren. Wesentliche Mängel dieses Systems äußern sich darin, dass (1) bei der Rückerstattung nach Punkteinheiten keine Unterschiede entsprechend der Qualität der Leistungen, der technischen Einrichtungen oder der Krankenhausgröße oder der Zahl des für die Behandlung eingesetzten Personals gemacht werden. Ebenso wenig (2) wird der

---

[69] Hierbei handelt es sich um die „Zentrale Konferenz für Angelegenheiten der von den Sozialversicherungen vergüteten ärztlichen Behandlung", dem u.a. Vertreter der Versicherungen und der Ärzteschaft angehören. Repräsentanten der Industrie werden nur zu Anhörungen geladen.

[70] (vgl. Grothe, 1997, S. 37)

[71] (vgl. Kemporen, 2003, S. 41)

Zeitaufwand einer Konsultation, Untersuchung oder Behandlung angerechnet, so dass ein langes Arztgespräch in gleichen Maßen honoriert wird wie ein kurzes. Ein erhöhter Zeitaufwand des Arztes während eines Hausbesuches wird nur geringfügig vergütet. Außerdem (3) entspricht die festgesetzte Vergütung in Bezug auf medizinische Behandlungen nicht den entstandenen Kosten, was folgendes Beispiel zeigt: Die Honorierung aufwendiger Operationen ist im Allgemeinen zu niedrig angesetzt, so dass ihre Durchführung betroffenen Krankenhäusern finanzielle Verluste verursacht. Es bestehen insgesamt Ungleichgewichte zwischen den Honorarsätzen einzelner Leistungen – medizinisch-technische Anwendungen wie Injektionen werden hoch bewertet, zeitaufwendige Gespräche vergleichsweise gering. Diese Defizite bewirken von daher ein „therapeutisch nicht angemessenes Verhalten vieler Ärzte und Ärztinnen"[72], d.h. medizinisch-technische Untersuchungen und Medikamente werden in höheren Maßen praktiziert und abgegeben als es notwendig wäre (hierzu siehe Kapitel 6.3). Außerdem versuchen viele Mediziner möglichst viele Fälle in möglichst kurzer Zeit zu behandeln, da der Zeitaufwand nicht honoriert wird.[73]

Die Vergütung der medizinischen Leistungen der Krankenhäuser erfolgt über eine Kombination von Tagesätzen und Einzelleistungsvergütung. Die Höhe der Tagessätze und Einzelleistungen sowie die Arzneimittel sind ebenfalls in der Gebührenordnung des nationalen Punktesystems festgelegt. Staatliche Zuschüsse für Krankenhäuser gibt es nicht.[74]

Auch Japan verfolgte die Entwicklung des amerikanischen Fallpauschalensystems und führte 1998 versuchsweise ein Festbetragssystem für die stationäre Behandlung in der akuten Krankheitsphase ein. Das japanische System bezog die Patienten ein, die einer der 183 diagnostischen Kategorien zugeordnet werden konnten. Vorerst wurde das Abrechnungssystem in zehn nationalen Krankenhäusern eingeführt. Die Ausweitung auf 267 diagnostische Kategorien und die Einführung des Abrechnungssystems in private Krankenhäuser wurde vorgenommen. Die gesammelten Daten liefern die Grundlage für die weitere Revision der Vergütung medizinischer Leistungen.[75]

---

[72] (Grothe, 1997, S. 39)

[73] (vgl. Grothe, 1997, S. 39)

[74] (vgl. Schneider et a., 1995, S. 331)

[75] (vgl. Kemporen, 2003, S. 41)

„Im stationären Sektor führt die unzureichende Vergütung des Pflegepersonals nicht selten zu einer zusätzlichen finanziellen Belastung der Kranken oder ihrer Angehörigen: Viele Krankenhäuser fordern für die Pflege von schwerkranken Extragebühren von den Angehörigen, da die Vergütung durch die Krankenversicherungen für die Kosten für die Pflege eines stark Pflegebedürftigen nicht deckt."[76]

Aus diesem Grund wird ein Großteil der Pflege durch die Familie des Kranken oder durch eine privat angestellte Krankenschwester übernommen. Auf diese Weise wird jedoch letztlich ein Teil der Kosten auf die Patienten „abgewälzt", die im Krankenversicherungssystem so nicht vorgesehen sind![77]

6.3 System der Medikamentenabgabe und Arzneimittelfreisetzung

Wie in anderen Industriestaaten auch, wird in Japan zwischen rezeptpflichtigen und rezeptfreien Medikamenten unterschieden. Letztere werden hier durch Drogerien und Apotheken vertrieben. Entstehende Kosten werden von den Krankenkassen in der Regel nicht erstattet. Bei der Abgabe verschreibungspflichtiger Medikamente besteht in Japan ein bedeutender Unterschied zu der in Europa und in den USA bestehenden Praxis: Ärzte und Ärztinnen besitzen in Japan das Dispensionsrecht, d.h. sie verschreiben die Medikamente nicht nur, sondern geben sie direkt an den Patienten ab. Prinzipiell ist es zwar möglich, auf Rezept Medikamente in der Apotheke zu erhalten – diese Form findet allerdings nur geringfügig Anwendung. So werden über 80 Prozent aller Arzneimittel direkt in der Praxis oder im Krankenhaus an die Kranken abgegeben.[78]

Krankenhäuser und Praxen kaufen zum Großteil die Medikamente vom Großhandel, zu einem geringeren Teil auch unmittelbar von den Herstellern. Bei den erstattungsfähigen Arzneimitteln wird durch das Ministerium für Gesundheit und Soziales für jedes einzelne Präparat ein Preis festgesetzt, der den dispensierenden Ärzten von den Krankenkassen erstattet wird. Kliniken und Praxen erhalten jedoch bei dem Kauf der Medi-

---

[76] (Grothe, 1997, S. 39)

[77] (vgl. Grothe, 1997, S. 40)

[78] (vgl. Grothe, 1997, S. 47)

kamente Preisrabatte, da Hersteller und Händler in einem starken Konkurrenzkampf zueinander stehen. Die Höhe des Nachlasses für das einzelne Medikament richtet sich nach der Wettbewerbssituation. Auf dem Antibiotikamarkt werden beispielsweise zahlreiche Präparate mit vergleichbarer Wirkstoffzusammensetzung von mehreren Herstellern angeboten, so dass bis zu 40 Prozent Rabatt auf ein Medikament gewährt wird – der Preis für Präparate mit geringerer Konkurrenz wird um weniger als 10 Prozent herabgesetzt. Im Allgemeinen werden großen Krankenhäusern Preisreduktionen von 20 Prozent gewährt, Praxen Reduktionen von 30 bis 40 Prozent.[79]

Für Kliniken und Praxen stellt die Differenz aus dem ermäßigten Abgabepreis und der von den Kassen erstattete Preis ist ein zusätzliches Einkommen dar. So verdiente 1987 ein Arzt bei der die Abgabe eines Medikamentes durchschnittlich 25 Prozent des Erstattungspreises. Für eine durchschnittliche Praxis bedeutete dies einen monatlichen Zusatzgewinn von 747.000 Yen (~5751,90 Euro), für ein durchschnittliches Krankenhaus einen Mehrverdienst von ca. 6.269.000 Yen (~48.271,30 Euro). Übertragen auf die Bevölkerung, so ergab sich für Praxen und Krankenhäuser ein Betrag von 10.000 Yen (~77,00 Euro) pro Kopf im Jahr. Es lag von daher nahe, dass Ärzte einen vermehrten Anreiz besaßen überflüssige oder kostspielige Arzneimittel zu verschreiben.[80] Aus diesen Gründen gab es in den letzten Jahren Reformen, die versuchten diese Differenzen abzubauen. So wurde 1992 ein Verfahren für die Berechnung der Senkung der Arzneimittelerstattungspreise eingeführt, das auf der so genannten „15-R-Zone" und der Methode des „ausgeglichenen Durchschnittspreis" basierte. Die „15-R-Zone" („R-Zone" steht für „reasonable zone for discounting") besagt, dass der den Ärzten seitens der Hersteller gewährte Preisnachlass auf den Einkaufspreis von Arzneimitteln nicht mehr als 15 Prozent des offiziellen Endpreises betragen darf, den sie von den Versicherungen erstattet bekommen.[81] Diese Grenze wurde bei der Revision 2000 auf 2 Prozent herabgesetzt. Diese Maßnahme bewirkte schließlich eine kontinuierliche Reduzierung der Differenzen der Arzneimittelpreise wie auch eine Reduzierung der Arzneimittelkosten an den medizinischen Ausgaben.[82]

---

[79] (vgl. Grothe, 1997, S. 48)

[80] (vgl. Grothe, 1997, S. 48)

[81] (vgl. Grothe, 1997, S. 52)

[82] (vgl. Kemporen, 2003, S. 42)

6.4 Leistungsvergütung für die Versorgung alter Menschen

Krankenhausaufenthalte werden ungeachtet ihrer Dauer von der Krankenkasse bezahlt. Aus diesem Grund ist es für die Angehörigen alter, v.a. bettlägeriger Menschen oft finanziell günstiger, die Betroffenen in Krankenhäusern unterzubringen, als in einem Heim. Für letztere werden von den Betroffenen oder ihren Angehörigen – je nach Einkommenslage – Kostenbeiträge erhoben[83]. Zudem besteht seitens der Krankenhäuser kein Anreiz, alte Menschen nicht aufzunehmen oder möglichst rasch wieder zu entlassen[84].[85]

In den 80er Jahren wurden Maßnahmen verabschiedet, welche die Unterbringung von alten Menschen in Krankenhäusern bzw. ihre langen Verweildauern unterbinden sollen. So wurde 1982 die Vergütung für die Versorgung dieser Menschen geändert, indem der Betrag, den die Krankenhäuser von den Versicherungen erhalten, mit der Zahl der Tage, die die alten Menschen im Krankenhaus sind, abnahm. Aufgrund der Gesetzesänderung betrug ein Krankenhausaufenthalt von einem Jahr nur noch etwa ein Drittel des ursprünglichen Pflegesatzes. Zudem wurden 1983 Krankenhäuser, die einen sehr hohen Anteil alter Menschen aufwiesen, zu „geriatrischen Krankenhäusern" erklärt, für die eine geringere Kostenerstattung festgesetzt wurde, als für normale Krankenhäuser.

Seit 1990 zeigen sich erste Schritte in Richtung eines ganz anderen Honorierungsverfahrens. Geriatrische Kliniken erhielten die Möglichkeit, sich anstatt der Einzelleistungsvergütung für eine Festbetragsvergütung pro Kopf und Tag zu entscheiden. Diese Option konnte also auf freiwilliger Basis gewählt werden. Untersuchungen des Ministeriums für Gesundheit und Soziales zu Folge, konnten Krankenhäuser, die sich für die Festbetragsvergütung entschieden hatten, den Kostenaufwand für Medikamente und medizinisch-technische Untersuchungen um etwa ein Drittel reduzieren. Die Einführung dieser Vergütungsform konnte demnach als Erfolg gewertet werden.[86]

---

[83] Unabhängig von der wirtschaftlichen Seite, werden Einweisungen in Alten- oder Pflegeheime auch oft aufgrund tradierter Wertvorstellungen gescheut – so käme dies einer Verletzung der kindlichen Pflicht gegenüber ihren Eltern gleich. Der wichtigste Grund für die Unterbringung Pflegebedürftiger in Krankenhäusern liegt jedoch an der niedrigen Zahl der Heime, deren Kapazitäten den Bedarf nicht decken können.

[84] da der Aufenthalt alter Menschen in Krankenhäusern von den Krankenversicherungen ständig und unbegrenzt finanziert wird.

[85] (vgl. Grothe, 1997, S. 64f.)

[86] (vgl. Grothe, 1997, S. 66)

Bezugnehmend auf die ärztliche Vergütung bei älteren Patienten sei darauf hingewiesen, dass das Gebührenordnungssystem für ältere Menschen von dem sonstiger Krankenversicherungen getrennt wurde. Das Punktsystem und die Behandlungskriterien für die medizinische Versorgung älterer Menschen wurden angesichts der Besonderheiten der Krankheiten dieser Zielgruppe aufgewertet[87]. Auf dieser Grundlage soll die Versorgung älterer Menschen qualitativ verbessert werden. Die geriatrische Rehabilitation z.B. wird so für die Leistungserbringer attraktiver. Anderweitige Programme werden nach dem Tarif der Gebührenordnung der Sozialversicherung abgerechnet.[88]

7 Qualitätssicherung der Gesundheitsversorgung

Die Qualitätssicherung in Japan stellt ein Problem dar. Das dortige Gesundheitssystem ist gekennzeichnet durch das Fehlen von Qualitätskontrollen und einer mangelnden Koordination zwischen ambulanter und stationärer Versorgung. „Japan ein Land, das als Begründer des modernen Qualitätsmanagements in der Industrie gilt, wendet dies im Gesundheitswesen nicht an."[89] Eine kontinuierliche Reform des Gesundheitswesens im zweijährlichen Rhythmus zur Verbesserung der medizinischen Versorgung änderte jedoch an dieser Tatsache nichts.

So fanden folgende Gesichtspunkte in der Reform 2002 auch unter dem Aspekt der Qualitätssicherung Beachtung:

(1) Verbesserung der Patienteninformation durch Einrichtung von öffentlichen Stellen und das Internet,

(2) Verpflichtung der Krankenanstalten zur Qualitätskontrolle ihrer medizinischen Versorgung,

(3) Verpflichtung der Ärzte zur Fortbildung und die Überarbeitung des Qualifizierungssystems, z.B. Staatsexamen,

(4) weiterer Ausbau des elektronischen Krankenkartensystems und der elektronischen Datenverarbeitung,

---

[87] (vgl. Kemporen, 2003, S. 22)

[88] (vgl. Kremporen, 2003, S. 22)

[89] (Schneider et al., 1995, S. 332)

(5) Veränderung der ärztlichen Vergütung (weg vom Stückzahlprinzip) um eine medizinische Weiterentwicklung zu fördern und diese in der Praxis wirksam werden zu lassen[90], weitere Förderung des Hausarztes,

(6) Verbesserung der pflegerischen Versorgung – Ausbau des Pflegebereiches der älteren Menschen – unnötige Belegung der Krankenanstaltenbetten mit Pflegefällen – Verweildauerkürzung,

(7) Vergütung der qualitätssichernden Maßnahmen besser stellen.[91]

8 Wettbewerb und Eigenverantwortung: Mündigkeit und Autonomie der Versicherten und Patienten

Versicherten steht keine Wahlmöglichkeit zwischen den Krankenkassen zu; sie sind entweder in Arbeitnehmerkrankenkassen oder in der nationalen Krankenkasse versichert. Da die private Krankenversicherung nur in der Krankenhaustagegeltversicherung eine Rolle spielt, ist fast jeder Japaner in einer der beiden erst genannten Krankenkassen versichert.[92]. Es besteht keine Möglichkeit die Versicherung aus eigenem Willen zu wechseln.

Darüber hinaus existiert ein Risikostrukturausgleich zwischen den Arbeitnehmerkrankenkassen und der nationalen Krankenversicherung. Nach der letzten Novellierung des Krankenversicherungsgesetzes können die Arbeitnehmerkrankenkassen allerdings nach staatlicher Prüfung und Zulassung die medizinische Versorgung von Rentnern und älteren Menschen (ab 75 Jahre) selbst sicherstellen bzw. übernehmen.

Zudem herrscht, aufgrund der oft fehlenden funktionalen Trennung zwischen den medizinischen Einrichtungen zwischen den Krankenhäusern und den Praxen, ein starker Konkurrenzkampf, was dazu führt, dass alle Einrichtungen versuchen, möglichst umfangreiche Dienste anzubieten. Demnach werden die Patienten nur bei dringender Notwendigkeit an andere Einrichtungen überwiesen.[93] Eine Überweisung kommt einer

---

[90] (JIN, www.jinjapan.org/access/health/insurance.html, (Stand 08.01.2004))

[91] (vgl. Kremporen, 2003, S. 39-48)

[92] (vgl. Schneider et. al., 1995, S. 319)

[93] (vgl. Grothe, 1997, S. 19)

Einrichtung jedoch einem „Verlust" des Betreffenden gleich, da die Patienten dann nicht mehr bei der ursprünglichen Einrichtung weiter betreut werden[94].

Der Vorteil dieses Systems liegt darin, dass die Kontinuität der Behandlung innerhalb einer Einrichtung gewährleistet ist. Allerdings führt eine derartige Handhabe zu einem Kooperationsmangel zwischen den einzelnen Einrichtungen, wie auch zu einem Überschuss an Kapazität. Werden Patienten in einer kleineren Klinik stationär aufgenommen, in der keine spezielle oder fachliche Therapie möglich ist, so muss unter Umständen auch die Qualität der Behandlung in Frage gestellt werden.[95]

Patienten bzw. Versicherte besitzen in Japan demnach eine freie Arztwahl, so dass sie ohne Umwege direkt Fachärzte und auch mehrere Ärzte aufgrund gleicher Beschwerden konsultieren können. Da in Japan keine Differenzierung zwischen ambulanter und stationärer Versorgung vorgenommen wird und demnach sowohl große Krankenhäuser als auch kleine Arztpraxen stationär und ambulant tätig sind, können die Patienten auch direkt Krankenhäuser aufsuchen, ohne zuerst bei einem Hausarzt gewesen zu sein. Der Patient hat hier freie Wahl.[96]

9 Anforderungen an zukünftige Reformen

Bereits 2002 war in der Passage „Aufbau einer zukunftssicheren und dauerhaften Krankenversicherung" die Grundeinstellung zu einer umfassenderen Gesundheitsreform formuliert worden. In dem vorliegenden Gesetzesentwurf ging es jedoch lediglich um die Finanzierungsmaßnahmen hinsichtlich der Anhebung der Selbstbeteiligung der Patienten und des Beitragssatzes. Eine grundlegende Reform wurde im Gesetzentwurf nicht ersichtlich. Dieser Gesetzestext wird infolgedessen nur begrenzte Auswirkungen auf die Finanzlage der gesetzlichen Krankenversicherungen haben. Nach Einschätzung des japanischen Sozialministeriums gehen die Beitragseinnahmen 2003 in der genossenschaftlich verwalteten Krankenversicherung um 200 Mrd. Yen (~1,54Mrd.

---

[94] (vgl. Grothe, 1997, S. 20)

[95] (vgl. Grothe, 1997, S. 20)

[96] (vgl. JIN, www.jinjapan.org/access/health/insurance.html, (Stand 08.01.2004))

Euro) zurück und in der regierungsverwalteten Krankenversicherung um 310 Mrd. Yen (~2,4 Mrd. Euro).[97]

Schätzungen des japanischen Sozialministeriums zu Folge, werden die regierungsverwalteten Krankenversicherungen von 2003 bis 2005 noch über finanzielle Überschüsse verfügen können – auch wenn ihr finanzieller Zusammenbruch bereits für das Jahr 2002 vorausgesagt worden war. In den Folgejahren (2006 und 2007) ist mit finanziellen Defiziten zu rechnen, die durch die Überschüsse der vorangegangenen Jahre ausgeglichen werden können. Darüber hinaus ist zu befürchten, dass die Kostenbeteiligung am medizinischen Versorgungssystem für ältere Menschen un-verändert bleibt und sich somit die Bilanzlage der Versicherungsträger zunehmend verschlechtert.

Vor diesem Hintergrund veröffentlichte das Sozialministerium am 17.12.2002 einen ersten Entwurf für die Richtlinien einer Gesundheitsreform, der in der Ergänzungsklausel im Revisionsgesetz von 2002 bestimmt wurde. Auf der Grundlage dieses Entwurfes beschloss die Regierung die Richtlinien der Gesundheitsreform. Sie beinhaltet die drei folgend aufgeführten Grundsätze:

- Aufbau einer stabilen und dauerhaften Krankenversicherung,
- gerechte Leistungen und Belastungen und
- Sicherstellung qualifizierter und effektiver medizinischen Versorgung.[98]

Daher unterbreitet die Regierung folgende Vorschläge:

(1) Umorganisation bzw. Integration der Versicherungsträger

Die nationale Krankenversicherung muss ihren Geltungsbereich durch die Zusammenlegung mehrerer Kommunen oder deren engere Zusammenarbeit regional ausweiten. Ziel ist es, eine stabile Geschäftslage auf der Ebene der Präfektur in aktiver Kooperation mit den regionalen Kassenverbünden zu schaffen. Da die Finanzierung der genossenschaftlich verwalteten Krankenversicherungen den Präfekturen obliegt, wird hier die Umorganisation und Integration der kleinen und finanzschwachen Kassen empfohlen.

(2) Einführung einer neuen Krankenversicherung für ältere Menschen

---

[97] (vgl. Kemporen 2003, S. 46)

[98] (vgl. Kemporen 2003, S. 47)

Unter Beibehaltung der laufenden Sozialversicherung werden zweierlei Krankenversicherungen für ältere Menschen neu gegründet:

- eine, für die Altersgruppe zwischen 65 und 75 und
- die andere für über 75-Jährige.

In diesem Zusammenhang werden das medizinische Versorgungssystem für Rentner und das Krankenpflege- und medizinischen Versorgungssystem für ältere Menschen abgeschafft. Ältere ab 65 bis 75 Jahren werden dann entweder in der Nationalen oder Arbeitnehmer-Krankenversicherung versichert sein. Die finanziellen Belastungen, die auf den Anteil der älteren Menschen zurückgehen, werden unter finanzieller Beteiligung aller Versicherungsträger abgebaut. Für die Menschen über
75 Jahren soll eine selbständige Versicherung neu gegründet werden. Diese Krankenversicherung wird durch Beiträge der Versicherten, Finanzleistungen von der
Nationalen und Arbeitnehmer-Krankenversicherung und Steuergeldern finanziert.
Die Finanzleistungen der beiden Versicherungsträger wird über gesonderte Solida-
ritätsbeiträge erbracht.[99]

(3) Prüfung des ärztlichen Versicherungssystems

Bei der Prüfung des ärztlichen Vergütungssystems wird das Augenmerk auf die
folgenden Punkte gelegt:

- gerechte Anerkennung medizin-technischer Fähigkeiten,
- angemessene Bewertung der Geschäftskosten der Leistungserbringer und
- verstärkte Berücksichtigung der Patientenbedürfnisse.

(4) Stufenprogramm und Zeitplan der Reform

Die Systemreform (z.B. Einführung der neuen Krankenversicherung für Ältere) wird
bis 2008 umgesetzt. Bei den Reformen, die eine Gesetzesänderung verlangen,
wird die Revisionsarbeit bis zum Frühjahr 2005 eingeleitet. Die Reformen im ärztlichen Vergütungssystem werden nach dessen nächsten Revision sukzessiv umgesetzt.[100]

---

[99] (vgl. JIN, www.jinjapan.org/access/health/insurance.html, (Stand 08.01.2004))
[100] (vgl. Kremporen, 2003, S. 46-48)

10 Fazit: Was kann man von Japan lernen?

Aufgrund einer gesetzlich verankerten Krankenversicherungspflicht der Bürger Japans, kommen alle Mitglieder der Gesellschaft mit ihren Beiträgen für die Kosten der älteren Mitbürger auf. Eine Möglichkeit für höhere Einkommensgruppen dieser Versicherungspflicht zu entgehen ist nicht gegeben. Auf diese Weise sind alle an dem Risikostrukturausgleich zwischen den Betriebskrankenkassen und der Nationalen Krankenkasse beteiligt.

Den Arbeitnehmern ist kein eigenständiger Wechsel der Versicherungsträger erlaubt, wodurch ist in diesem Bereich keine indirekte oder direkte Risikoselektion möglich ist. Da die Betriebskrankenkassen jedoch ihre Rentner ab 2003 selbst versichern können, wird die Risikoselktion in Zukunft auch hier eine Rolle spielen.

Die Krankenkassenbeiträge in den regierungsverwalteten Betriebskrankenkassen sind mit 8,2 Prozent seit April 2003 festgeschrieben. Bei genossenschaftlich verwalteten Betriebskrankenkassen kann der Prozentsatz des Beitrages selbständig festgelegt werden. Der Arbeitnehmeranteil darf 4,5 Prozent nicht überschreiten. In der Nationale Krankenversicherung gibt es keinen Mitversichertenstatus. Es besteht die Möglichkeit einer Mitversicherung des Lebenspartners und dessen leibliche Kinder sowie der Eltern, wenn sie im gleichen Haushalt leben und keiner Erwerbsarbeit nachgehen. Der Beitragssatz richtet sich nach dem Haushaltseinkommen sowie des Vermögens des betreffenden Haushaltes.

Alle angebotenen medizinischen Leistungen stehen den Versicherten offen, die Zuzahlungskriterien regeln jedoch die Inanspruchnahme. Darüber hinaus besteht die Möglichkeit seitens der Versicherungsträger auf Antrag, Kredite für medizinische Behandlungen vergeben zu vergeben.

Literaturverzeichnis

Grothe, R.: Gesundheitspolitik in Japan. Die staatliche Kostendämpfungspolitik und die Position des Ärztebundes Japans. München. 1997.

Kemporen (Zentralverband der Krankenversicherungsträger) (Hrsg.): Krankenversicherung, Pflegeversicherung und Krankenversicherungsträger in Japan. Tokyo. 2003.

Schneider, M.; Biene-Dietrich, P.; Gabanyi, M.; Hofmann, U.; Huber, M.; Köse, A.; Sommer, J.H.: Gesundheitssysteme im internationalen Vergleich. Ausgabe 1994. BASYS Beratungsgesellschaft für angewandte Systemforschung mbH. Augsburg. 1995.

Weltentwicklungsbericht 2003: Nachhaltige Entwicklung in einer dynamischen Welt. Institutionen. Wachstum und Lebensqualität verbessern. 1. Auflage. Bonn. 2003.

Yoshikawa A.; Bhattacharya, J.; Vogt, W.B.: Health Economics of Japan. Patients, Doctors and Hospitals under a Universal Health Insurance System. Tokyo. 1999.

Internetquellen

Japan Information Network (JIN): Japan Access, Health Care:
www.jinjapan.org/ccess/health/insurance.html; [Stand: 08.01.2004].

Oragnisation for Economic Co-operation and Developement (OECD) (Hrsg.): Labour market and social policy – occasional papers No.56. An assesment of the performance of the Japanese Health Care System. Paris. 2001. (www.oecd.org/dataoecd/18/16/23706051.pdf, [Stand:12.01.2004].

Health at a Glance – OECD Indicators 2003.
www.oecd.org/dataoecd/20/5/16502622.pdf, [Stand: 12.01.2004].

OECD Health Data 2003: Stichwort: Life expectancy in Years:
www.oecd.org/dataoecd/12/27/2957473.xls, [Stand: 20.01.2004].

OECD Health Data 2003: Stichwort: GDP:
www.oecd.org/dataoecd/48/4/18597233.pdf, [Stand: 20.01.2004].

OECD Health Data 2003: Stichwort: Infant mortality:
www.oecd.org/dataoecd/2/0/2957156.xls, [Stand: 20.01.2004].

OECD Health Data 2003: Stichwort: Total expenditure on health – per capita US$ PPP: www.oecd.org/dataoecd/1/33/2957315.xls, [Stand: 20.01.2004].

OECD Health Data 2003: Stichwort: Total expenditure on health, % GDP:
www.oecd.org/dataoecd/1/31/2957323.xls, [Stand: 20.01.2004].

OECD Health Data 2003: Stichwort: Population aged 65 years old and over - % of total population: www.oecd.org/dataoecd/12/7/2957457.xls, [Stand: 20.01.2004].

OECD Health Data 2003: Stichwort: Total population in thousands:
http://www.oecd.org/dataoecd/50/6/21152638.xls, [Stand:20.01.2004].

OECD Statistical Databases: ANAPart 21970: Stichwort: GDP:
http://cs4-hq.oecd.org/oecd/sected-view.asp?tableId=5618viewname=ANAPart21970, [Stand:20.01.2004].

Devisenkurse: http://www.faz.net/IN/Intemplates/faznet/default.asp?tpl=investor/toll devisen kus..., [Stand: 18.01.2004].

Wallraf, W.: Modernisierungsstrategien in Japan. Regionalstudie im Rahmen des Forschungsprojektes der Rosa-Luxemburg-Stiftung „Perspektiven einer sozialistischen Moderne". Manuskripte 4/2000. Berlin. 2000. http://www.rosalux.de/Bib/Pub/Manuskripte/manuskripte4.pdf, [Stand: 06.12.2003].

CD-Rom-Quellen

Stichwort: Japan. Microsoft ® Encarta ® Enzyklopädie 2002.